心一堂術數古籍珍本叢刊

書名：蔣大鴻嫡傳天星選擇秘書注解三種
系列：心一堂術數古籍珍本叢刊 選擇類 蔣徒張仲馨三元真傳系列 第二輯 237
作者：【清】蔣大鴻原著、【清】楊臥雲、汪云吾、劉樂山註
主編、責任編輯：陳劍聰
心一堂術數古籍珍本叢刊編校小組：陳劍聰 素聞 梁松盛 鄒偉才 虛白盧主

出版：心一堂有限公司
通訊地址：香港九龍旺角彌敦道六一〇號荷李活商業中心十八樓〇五一〇六室
深港讀者服務中心・中國深圳市羅湖區立新路六號羅湖商業大厦負一層〇〇八室
電話號碼：(852)67150840
網址：publish.sunyata.cc
電郵：sunyatabook@gmail.com
網店：http://book.sunyata.cc
淘寶店地址：https://shop210782774.taobao.com
微店地址：https://weidian.com/s/1212826297
臉書：https://www.facebook.com/sunyatabook
讀者論壇：http://bbs.sunyata.cc/

版次：二零一六年十二月初版
平裝

定價：
港幣 三百八十元正
人民幣 三百八十元正
新台幣 一千四百九十八元正

國際書號：ISBN 978-988-8317-50-9

香港發行：香港聯合書刊物流有限公司
地址：香港新界大埔汀麗路36號中華商務印刷大廈3樓
電話號碼：(852)2150-2100
傳真號碼：(852)2407-3062
電郵：info@suplogistics.com.hk

台灣發行：秀威資訊科技股份有限公司
地址：台灣台北市內湖區瑞光路七十六巷六十五號一樓
電話號碼：+886-2-2796-3638
傳真號碼：+886-2-2796-1377
網絡書店：www.bodbooks.com.tw
台灣國家書店讀者服務中心：
地址：台灣台北市中山區松江路二〇九號一樓
電話號碼：+886-2-2518-0207
傳真號碼：+886-2-2518-0778
網絡書店：http://www.govbooks.com.tw

中國大陸發行 零售：深圳心一堂文化傳播有限公司
深圳地址：深圳市羅湖區立新路六號羅湖商業大厦負一層〇〇八室
電話號碼：(86)0755-82224934

心一堂微店二維碼

心一堂淘寶店二維碼

心一堂術數古籍 珍本叢刊 整理 總序

術數定義

術數，大概可謂以「推算（推演）、預測人（個人、群體、國家等）、事、物、自然現象、時間、空間方位等規律及氣數，並或通過種種『方術』，從而達致趨吉避凶或某種特定目的」之知識體系和方法。

術數類別

我國術數的內容類別，歷代不盡相同，例如《漢書・藝文志》中載，漢代術數有六類：天文、曆譜、五行、蓍龜、雜占、形法。至清代《四庫全書》，術數類則有：數學、占候、相宅相墓、占卜、命書、相書、陰陽五行、雜技術等，其他如《後漢書・方術部》、《藝文類聚・方術部》、《太平御覽・方術部》等，對於術數的分類，皆有差異。古代多把天文、曆譜、及部分數學均歸入術數類，而民間流行亦視傳統醫學作為術數的一環；此外，有些術數與宗教中的方術亦往往難以分開。現代民間則常將各種術數歸納為五大類別：命、卜、相、醫、山，通稱「五術」。

本叢刊在《四庫全書》的分類基礎上，將術數分為九大類別：占筮、星命、相術、堪輿、選擇、三式、讖諱、理數（陰陽五行）、雜術（其他）。而未收天文、曆譜、算術、宗教方術、醫學。

術數思想與發展——從術到學，乃至合道

我國術數是由上古的占星、卜筮、形法等術發展下來的。其中卜筮之術，是歷經夏商周三代而通過「龜卜、蓍筮」得出卜（筮）辭的一種預測（吉凶成敗）術，之後歸納並結集成書，此即現傳之《易

經》。經過春秋戰國至秦漢之際，受到當時諸子百家的影響、儒家的推崇，遂有《易傳》等的出現，原本是卜筮術書的《易經》，被提升及解讀成有包涵「天地之道（理）」之學。因此，《易・繫辭傳》曰：「易與天地準，故能彌綸天地之道。」

漢代以後，易學中的陰陽學說，與五行、九宮、干支、氣運、災變、律曆、卦氣、讖緯、天人感應說等相結合，形成易學中象數系統。而其他原與《易經》本來沒有關係的術數，如占星、形法、選擇，亦漸漸以易理（象數學說）為依歸。《四庫全書・易類小序》云：「術數之興，多在秦漢以後。要其旨，不出乎陰陽五行，生尅制化。實皆《易》之支派，傳以雜說耳。」至此，術數可謂已由「術」發展成「學」。

及至宋代，術數理論與理學中的河圖洛書、太極圖、邵雍先天之學及皇極經世等學說給合，通過術數以演繹理學中「天地中有一太極，萬物中各有一太極」（《朱子語類》）的思想。術數理論不單已發展至十分成熟，而且也從其學理中衍生一些新的方法或理論，如《梅花易數》、《河洛理數》等。

在傳統上，術數功能往往不止於僅僅作為趨吉避凶的方術，及「能彌綸天地之道」的學問，亦有其「修心養性」的功能，「與道合一」（修道）的內涵。《素問・上古天真論》：「上古之人，其知道者，法於陰陽，和於術數。」數之意義，不單是外在的算數、歷數、氣數，而是與理學中同等的「道」、「理」--心性的功能，北宋理氣家邵雍對此多有發揮：「聖人之心，是亦數也」、「萬化萬事生乎心」、「心為太極」。《觀物外篇》：「先天之學，心法也。……蓋天地萬物之理，盡在其中矣，心一而不分，則能應萬物。」反過來說，宋代的術數理論，受到當時理學、佛道及宋易影響，認為心性本質上是等同天地之太極。天地萬物氣數規律，能通過內觀自心而有所感知，即是內心也已具備有術數的推演及預測、感知能力；相傳是邵雍所創之《梅花易數》，便是在這樣的背景下誕生。

《易・文言傳》已有「積善之家，必有餘慶；積不善之家，必有餘殃」之說，至漢代流行的災變說及讖緯說，我國數千年來都認為天災，異常天象（自然現象），皆與一國或一地的施政者失德有關；下至家族、個人之盛衰，也都與一族一人之德行修養有關。因此，我國術數中除了吉凶盛衰理數之外，人心的德行修養，也是趨吉避凶的一個關鍵因素。

術數與宗教、修道

在這種思想之下，我國術數不單只是附屬於巫術或宗教行為的方術，又往往是一種宗教的修煉手段--通過術數，以知陰陽，乃至合陰陽（道）。「其知道者，法於陰陽，和於術數。」例如，「奇門遁甲」術中，即分為「術奇門」與「法奇門」兩大類。「法奇門」中有大量道教中符籙、手印、存想、內煉的內容，是道教內丹外法的一種重要外法修煉體系。甚至在雷法一系的修煉上，亦大量應用了術數內容。此外，相術、堪輿術中也有修煉望氣（氣的形狀、顏色）的方法；堪輿家除了選擇陰陽宅之吉凶外，也有道教中選擇適合修道環境（法、財、侶、地中的地）的方法，以至通過堪輿術觀察天地山川陰陽之氣，亦成為領悟陰陽金丹大道的一途。

易學體系以外的術數與的少數民族的術數

我國術數中，也有不用或不全用易理作為其理論依據的，如揚雄的《太玄》、司馬光的《潛虛》。也有一些占卜法、雜術不屬於《易經》系統，不過對後世影響較少而已。

外來宗教及少數民族中也有不少雖受漢文化影響（如陰陽、五行、二十八宿等學說。）但仍自成系統的術數，如古代的西夏、突厥、吐魯番等占卜及星占術，藏族中有多種藏傳佛教占卜術、苯教占卜術、擇吉術、推命術、相術等；北方少數民族有薩滿教占卜術；不少少數民族如水族、白族、布朗族、佤族、彝族、苗族等，皆有占雞（卦）草卜、雞蛋卜等術，納西族的占星術、占卜術，彝族畢摩的推命術、占卜術……等等，都是屬於《易經》體系以外的術數。相對上，外國傳入的術數以及其理論，對我國術數影響更大。

曆法、推步術與外來術數的影響

我國的術數與曆法的關係非常緊密。早期的術數中，很多是利用星宿或星宿組合的位置（如某星在某州或某宮某度）付予某種吉凶意義，并據之以推演，例如歲星（木星）、月將（某月太陽所躔之宮次）等。不過，由於不同的古代曆法推步的誤差及歲差的問題，若干年後，其術數所用之星辰的位置，已與真實星辰的位置不一樣了；此如歲星（木星），早期的曆法及術數以十二年為一周期（以應地支），與木星真實周期十一點八六年，每幾十年便錯一宮。後來術家又設一「太歲」的假想星體來解決，是歲星運行的相反，週期亦剛好是十二年。而術數中的神煞，很多即是根據太歲的位置而定。又如六壬術中的「月將」，原是立春節氣後太陽躔娵訾之次而稱作「登明亥將」，至宋代，因歲差的關係，要到雨水節氣後太陽才躔娵訾之次，當時沈括提出了修正，但明清時六壬術中「月將」仍然沿用宋代沈括修正的起法沒有再修正。

由於以真實星象周期的推步術是非常繁複，而且古代星象推步術本身亦有不少誤差，大多數術數除依曆書保留了太陽（節氣）、太陰（月相）的簡單宮次計算外，漸漸形成根據干支、日月等的各自起例，以起出其他具有不同含義的眾多假想星象及神煞系統。唐宋以後，我國絕大部分術數都主要沿用這一系統，也出現了不少完全脫離真實星象的術數，如《子平術》、《紫微斗數》、《鐵版神數》等。後來就連一些利用真實星辰位置的術數，如《七政四餘術》及選擇法中的《天星選擇》，也已與假想星象及神煞混合而使用了。

隨着古代外國曆（推步）、術數的傳入，如唐代傳入的印度曆法及術數，元代傳入的回回曆等，其中我國占星術便吸收了印度占星術中羅睺星、計都星等而形成四餘星，又通過阿拉伯占星術而吸收了其中來自希臘、巴比倫占星術的黃道十二宮、四大（四元素）學說（地、水、火、風），並與我國傳統的二十八宿、五行說、神煞系統並存而形成《七政四餘術》。此外，一些術數中的北斗星名，不用我國傳統的星名：天樞、天璇、天璣、天權、玉衡、開陽、搖光，而是使用來自印度梵文所譯的：貪狼、巨門、祿存、文曲，廉貞、武曲、破軍等，此明顯是受到唐代從印度傳入的曆法及占星術所影響。如星命術中的《紫微斗數》及堪輿術中的《撼龍經》等文獻中，其星皆用印度譯名。及至清初《時憲曆》，置閏之法則改用西法「定氣」。清代以後的術數，又作過不少的調整。

此外，我國相術中的面相術、手相術，唐宋之際受印度相術影響頗大，至民國初年，又通過翻譯歐西、日本的相術書籍而大量吸收歐西相術的內容，形成了現代我國坊間流行的新式相術。

陰陽學——術數在古代、官方管理及外國的影響

術數在古代社會中一直扮演着一個非常重要的角色，影響層面不單只是某一階層、某一職業、某一年齡的人，而是上自帝王，下至普通百姓，從出生到死亡，不論是生活上的小事如洗髮、出行等，大事如建房、入伙、出兵等，從個人、家族以至國家，從天文、氣象、地理到人事、軍事，從民俗、學術到宗教，都離不開術數的應用。我國最晚在唐代開始，已把以上術數之學，稱作陰陽（學），行術數者稱陰陽人。（敦煌文書、斯四三二七唐《師師漫語話》：「以下說陰陽人謾語話」，此說法後來傳入日本，今日本人稱行術數者為「陰陽師」）。一直到了清末，欽天監中負責陰陽術數的官員中，以及民間術數之士，仍名陰陽生。

古代政府的中欽天監（司天監），除了負責天文、曆法、輿地之外，亦精通其他如星占、選擇、堪輿等術數，除在皇室人員及朝庭中應用外，也定期頒行日書、修定術數，使民間對於天文、日曆用事吉凶及使用其他術數時，有所依從。

我國古代政府對官方及民間陰陽學及陰陽官員，從其內容、人員的選拔、培訓、認證、考核、律法監管等，都有制度。至明清兩代，其制度更為完善、嚴格。

宋代官學之中，課程中已有陰陽學及其考試的內容。（宋徽宗崇寧三年〔一一零四年〕崇寧算學令：「諸學生習……並曆算、三式、天文書。」「諸試……三式即射覆及預占三日陰陽風雨。天文即預

定一月或一季分野災祥，並以依經備草合問為通。」

金代司天臺，從民間「草澤人」（即民間習術數人士）考試選拔：「其試之制，以《宣明曆》試推步，及《婚書》、《地理新書》試合婚、安葬，並《易》筮法，六壬課、三命、五星之術。」（《金史》卷五十一・志第三十二・選舉一）

元代為進一步加強官方陰陽學對民間的影響、管理、控制及培育，除沿襲宋代、金代在司天監掌管陰陽學及中央的官學陰陽學課程之外，更在地方上增設陰陽學課程（《元史・選舉志一》：「世祖至元二十八年夏六月始置諸路陰陽學。」）地方上也設陰陽學教授員，培育及管轄地方陰陽人。（《元史・選舉志一》：「（元仁宗）延祐初，令陰陽人依儒醫例，於路、府、州設教授員，凡陰陽人皆管轄之，而上屬於太史焉。」）自此，民間的陰陽術士（陰陽人），被納入官方的管轄之下。

至明清兩代，陰陽學制度更為完善。中央欽天監掌管陰陽學，明代地方縣設陰陽學正術，各州設陰陽學典術，各縣設陰陽學訓術。陰陽人從地方陰陽學肄業或被選拔出來後，再送到欽天監考試。（《大明會典》卷二二三：「凡天下府州縣舉到陰陽人堪任正術等官者，俱從吏部送（欽天監），考中，送回選用；不中者發回原籍為民，原保官吏治罪。」）清代大致沿用明制，凡陰陽術數之流，悉歸中央欽天監及地方陰陽官員管理、培訓、認證。至今尚有「紹興府陰陽印」、「東光縣陰陽學記」等明代銅印，及某某縣某某之清代陰陽執照等傳世。

清代欽天監漏刻科對官員要求甚為嚴格。《大清會典》「國子監」規定：「凡算學之教，設肄業生。滿洲十有二人，蒙古、漢軍各六人，於各旗官學內考取。漢十有二人，於舉人、貢監生童內考取。附學生二十四人，由欽天監選送。教以天文演算法諸書，五年學業有成，舉人引見以欽天監博士用，貢監生童以天文生補用。」學生在官學肄業、貢監生肄業或考得舉人後，經過了五年對天文、算法、陰陽學的學習，其中精通陰陽術數者，會送往漏刻科。而在欽天監供職的官員，《大清會典則例》「欽天監」規定：「本監官生三年考核一次，術業精通者，保題升用。不及者，停其升轉，再加學習。如能黽勉供職，即予開復。仍不及者，降職一等，再令學習三年，能習熟者，准予開復，仍不能者，黜退。」除定期考核以定其升用降職外，《大清律例》中對陰陽術士不準確的推斷（妄言禍福）是要治罪的。《大清律例・一七八・術七・妄言禍福》：「凡陰陽術士，不許於大小文武官員之家妄言禍福，違者杖一百。其依經推算星命卜課，不在禁限。」大小文武官員延請的陰陽術士，自然是以欽天監漏刻科官員或地方陰陽官員為主。

官方陰陽學制度也影響鄰國如朝鮮、日本、越南等地，一直到了民國時期，鄰國仍然沿用着我國的多種術數。而我國的漢族術數，在古代甚至影響遍及西夏、突厥、吐蕃、阿拉伯、印度、東南亞諸國。

術數研究

術數在我國古代社會雖然影響深遠，「是傳統中國理念中的一門科學，從傳統的陰陽、五行、九宮、八卦、河圖、洛書等觀念作大自然的研究。……傳統中國的天文學、數學、煉丹術等，要到上世紀中葉始受世界學者肯定。可是，術數還未受到應得的注意。術數在傳統中國科技史、思想史，文化史、社會史，甚至軍事史都有一定的影響。……更進一步了解術數，我們將更能了解中國歷史的全貌。」（何丙郁《術數、天文與醫學中國科技史的新視野》，香港城市大學中國文化中心。）

可是術數至今一直不受正統學界所重視，加上術家藏秘自珍，又揚言天機不可洩漏，「（術數）乃吾國科學與哲學融貫而成一種學說，數千年來傳衍嬗變，或隱或現，全賴一二有心人為之繼續維繫，賴以不絕，其中確有學術上研究之價值，非徒癡人說夢，荒誕不經之謂也。其所以至今不能在科學中成立一種地位者，實有數因。蓋古代士大夫階級目醫卜星相為九流之學，多恥道之；而發明諸大師又故為惝恍迷離之辭，以待後人探索；間有一二賢者有所發明，亦秘莫如深，既恐洩天地之秘，復恐譏為旁門左道，始終不肯公開研究，成立一有系統說明之書籍，貽之後世。故居今日而欲研究此種學術，實一極困難之事。」（民國徐樂吾《子平真詮評註》，方重審序）

現存的術數古籍，除極少數是唐、宋、元的版本外，絕大多數是明、清兩代的版本。其內容也主要是明、清兩代流行的術數，唐宋或以前的術數及其書籍，大部分均已失傳，只能從史料記載、出土文獻、敦煌遺書中稍窺一鱗半爪。

術數版本

坊間術數古籍版本，大多是晚清書坊之翻刻本及民國書賈之重排本，其中豕亥魚魯，或任意增刪，往往文意全非，以至不能卒讀。現今不論是術數愛好者，還是民俗、史學、社會、文化、版本等學術研究者，要想得一常見術數書籍的善本、原版，已經非常困難，更遑論如稿本、鈔本、孤本等珍稀版本。在文獻不足及缺乏善本的情況下，要想對術數的源流、理法、及其影響，作全面深入的研究，幾不可能。

有見及此，本叢刊編校小組經多年努力及多方協助，在海內外搜羅了二十世紀六十年代以前漢文為主的術數類善本、珍本、鈔本、孤本、稿本、批校本等數百種，精選出其中最佳版本，分別輯入兩個系列：

一、心一堂術數古籍珍本叢刊

二、心一堂術數古籍整理叢刊

前者以最新數碼（數位）技術清理、修復珍本原本的版面，更正明顯的錯訛，部分善本更以原色彩色精印，務求更勝原本。并以每百多種珍本、一百二十冊為一輯，分輯出版，以饗讀者。

後者延請、稿約有關專家、學者，以善本、珍本等作底本，參以其他版本，古籍進行審定、校勘、注釋，務求打造一最善版本，方便現代人閱讀、理解、研究等之用。

限於編校小組的水平，版本選擇及考證、文字修正、提要內容等方面，恐有疏漏及舛誤之處，懇請方家不吝指正。

心一堂術數古籍 珍本／整理 叢刊編校小組

二零零九年七月序

二零一四年九月第三次修訂

天元第五歌尅擇篇 造命約言

天星擇日篇

太極既判圖

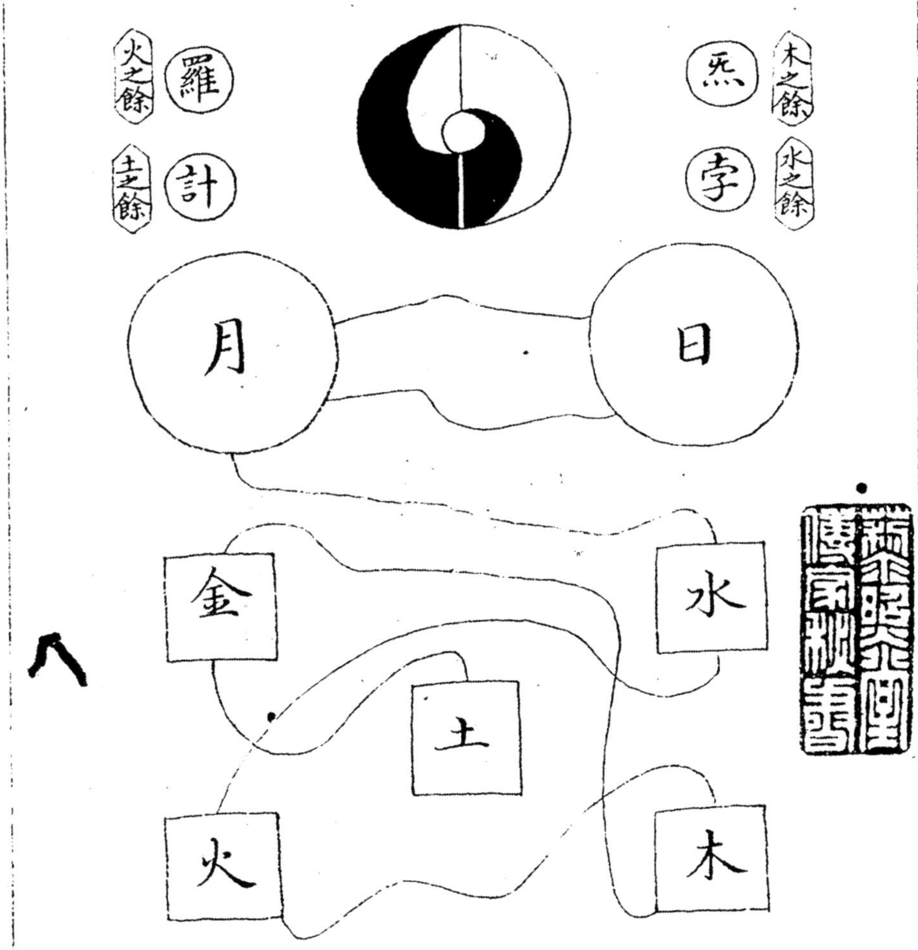

太易生水 未有氣曰太易

太初生火 有氣未有形曰太初

太始生木 有形未有質曰太始

太素生金 有質未有體曰太素

太極生土 形質已具乃曰太極

藜照堂傳

太陽時行宮圖

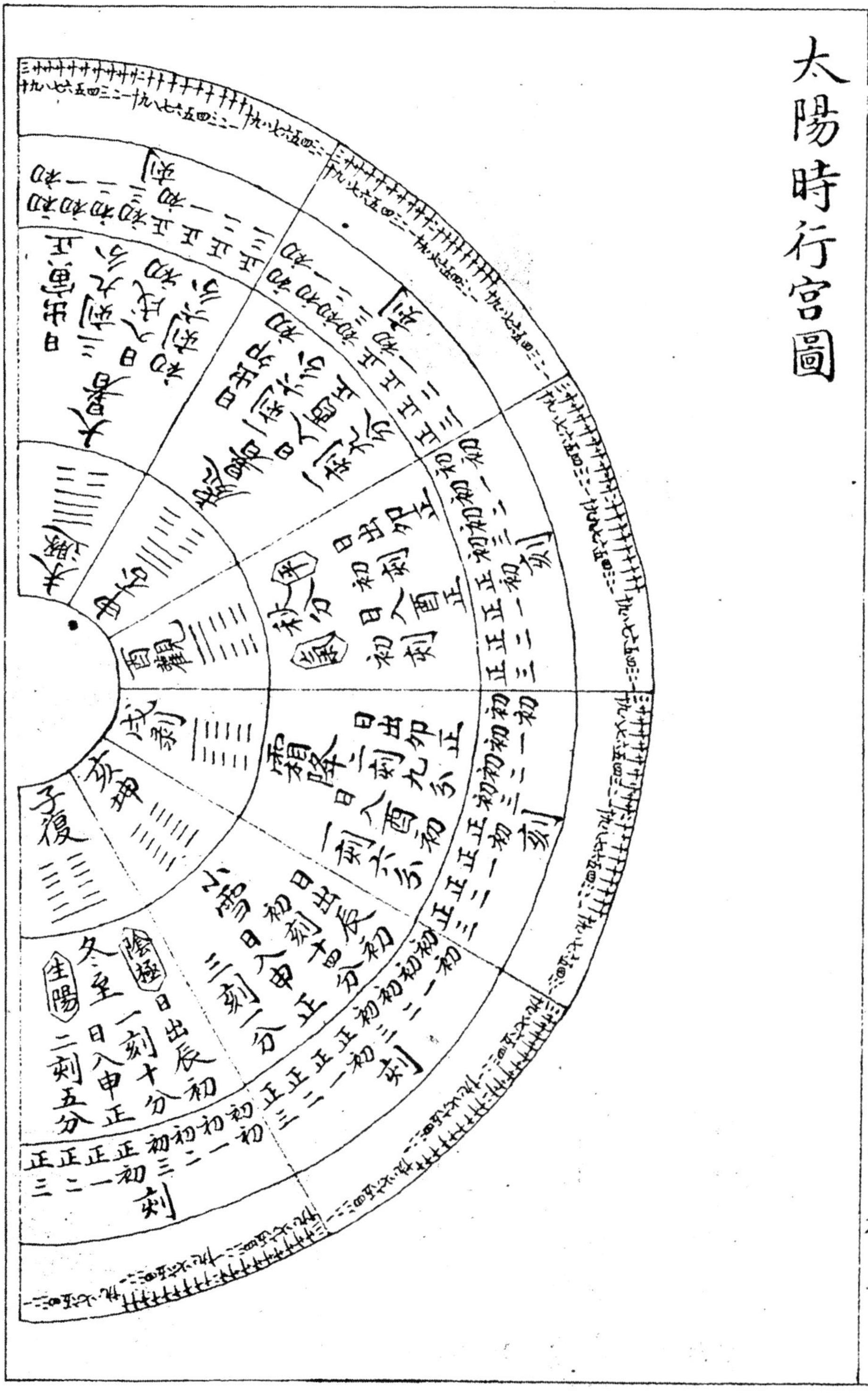

家秘本

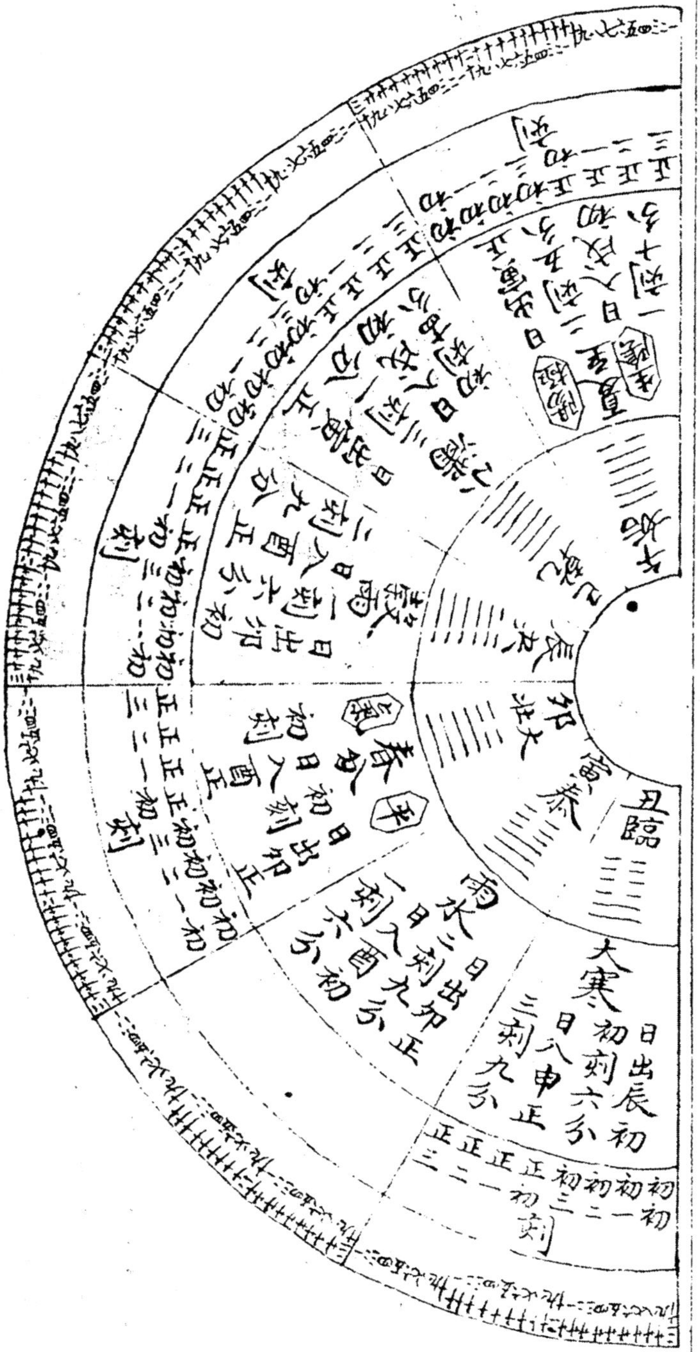
大寒
日出辰初初刻六分
日入申正三刻九分
雨水
日出卯正三刻九分
日入酉初一刻六分
春分
日出卯正初刻
日入酉正初刻

七政圖

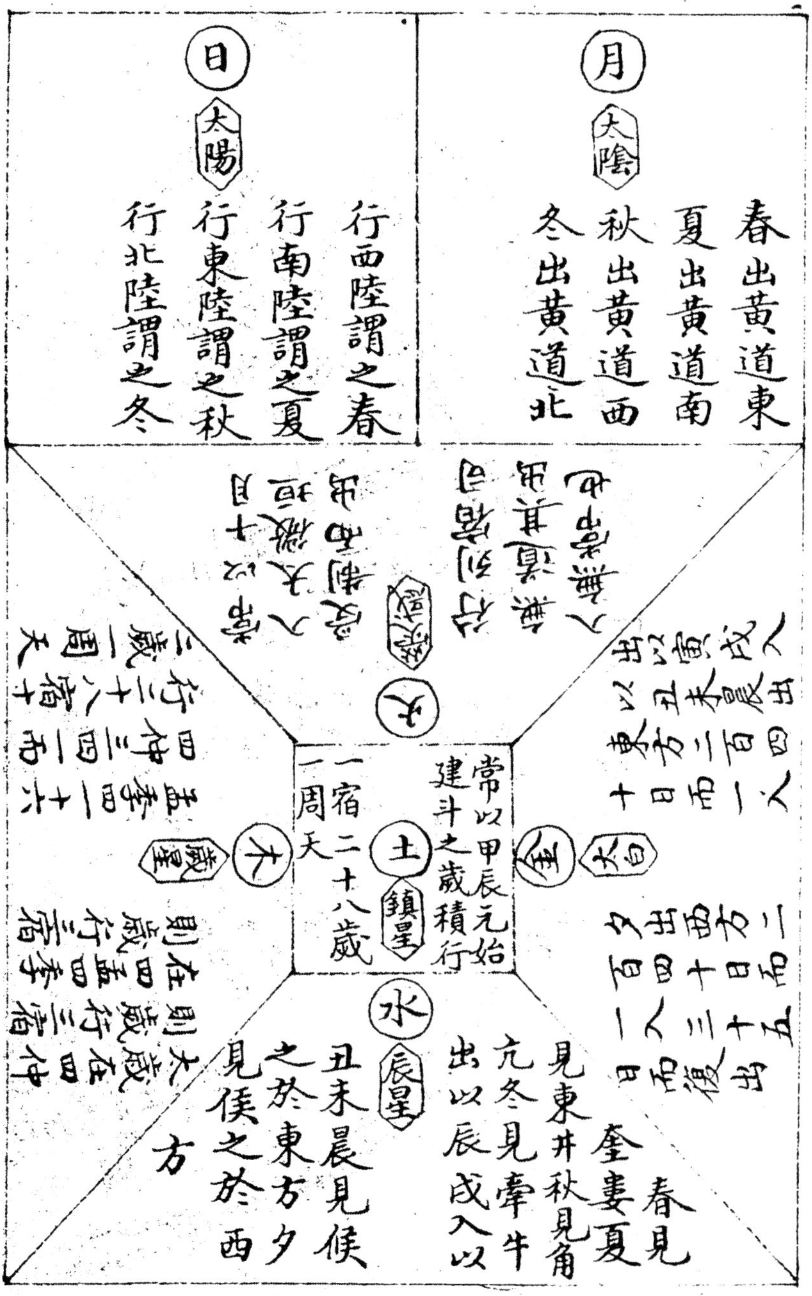

月
太陰
春出黃道東
夏出黃道南
秋出黃道西
冬出黃道北
日
太陽
行西陸謂之春
行南陸謂之夏
行東陸謂之秋
行北陸謂之冬
火
熒惑
金
太白
木
歲星
土
鎮星
常以甲辰元始建斗之歲積行一宿二十八歲一周天
水
辰星
春見奎婁夏見東井秋見角亢冬見牽牛出以辰戌入以丑未晨見候之於東方夕見候之於西方

子宮

正三刻　正二刻　正一刻　正初刻　初三刻　初二刻　初一刻　初初刻

牛初度　一　二　三　四　五　六　七　女初度　一　二　三　四　五　六　七　八　九　十　十一　虛初度　一　二　三　四　五　六　七　八　九

此垣論宮配地屬土。若立命於左牛初至牛五度上。受宮之氣淺。則論度屬金。當以金星為命主。若立命於右虛四至虛九度上。退宮之氣漸六。論度配日。當以太陽為命主。惟立命躔中十八度上。受宮之氣深。則論宮屬土。當以土星為命主。其受氣深淺論宮論度之故。下十一宮同例。

玄枵之次

凡例

一是編選擇造命所用也。凡註中所推演。盡是書中未暢之旨。亦有書中無此意義而偶然旁及者。必其間本末相關。不可闕者爾。

一擇日先查七政。日月木火土金水炁孛羅計過宮躔度。

一建宅造塟首重坐山。作向重向。修方重方。必查太陽某月或拱向關山。或輔山

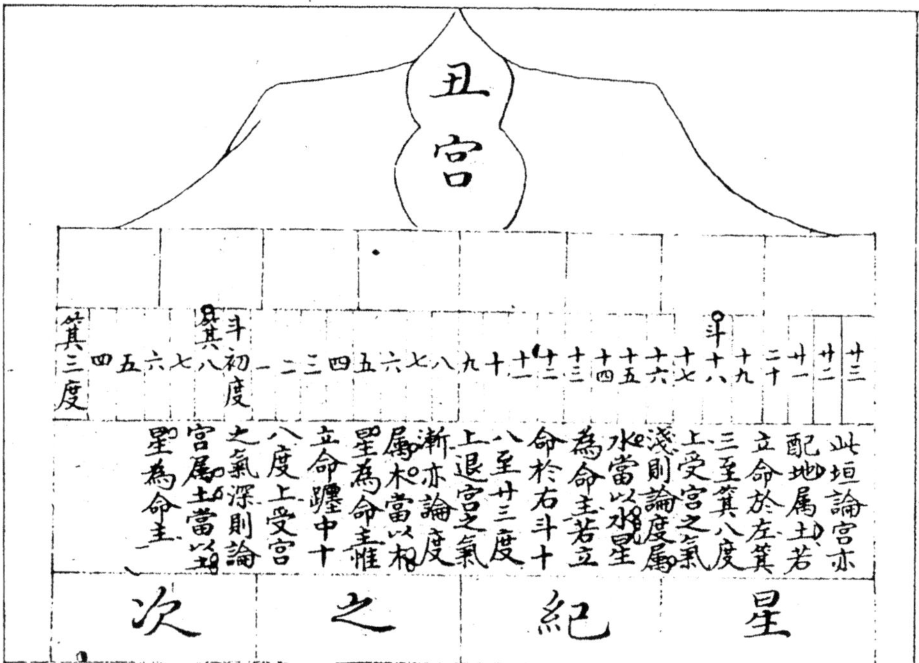

夾山。或守山或對照坐山。月分定了。次查太陰其日與太陽三方拱山。四正關山。或與太陽左右輔山左右夾山。次按其時立命其宮與日月有無拱關輔夾。主星屬何五行有無恩用拱關輔夾。然後立命宮定八字。此造命之綱領也。

一嫁娶論房門床榻門作向論床作山論。其拱關夾輔與建造同。

一措竈重氣口。鍋門即氣口也。竈門納旺。

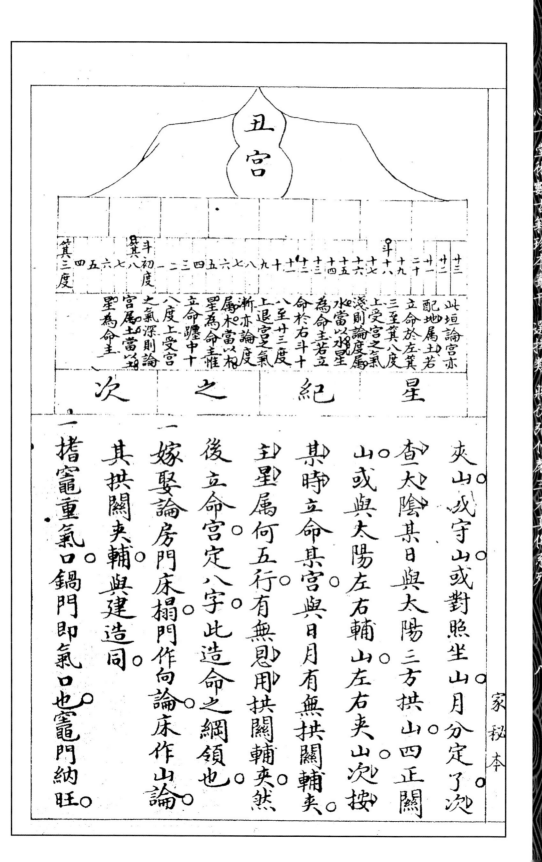

寅宮

二	一	箕初	十四	十三	尾十二度	十一	十	九	八	七	六	五	四	三	二	一	尾初	七	六	五	四	三	二	一	心一	心初	四	三	二	房一度

此垣論宮配寅屬木若立命於左房一至房四度上配日當以太陽為命主立命於心初至心一度上配月當以太陰為命主若立命於右尾十二至十四度上屬火當以火星為命主立命於箕初至箕二度上屬水當以水星為命主惟立命躔中十八度則論宮屬木當以木星為命主

析木之次

氣口趨生。更立命宮。取吉星拱闕輔夾。

一甲子乙丑丙寅丁卯戊辰己巳庚午辛未壬申癸酉甲戌乙亥。丙子丁丑戊寅己卯庚辰辛巳壬午癸未甲申乙酉丙戌丁亥。戊子己丑庚寅辛卯壬辰癸巳甲午乙未丙申丁酉戊戌己亥。庚子辛丑壬寅癸卯甲辰乙巳丙午丁未戊申己酉庚戌辛亥。壬子癸丑甲寅乙卯丙辰丁巳戊午己未庚申辛酉壬戌癸亥。

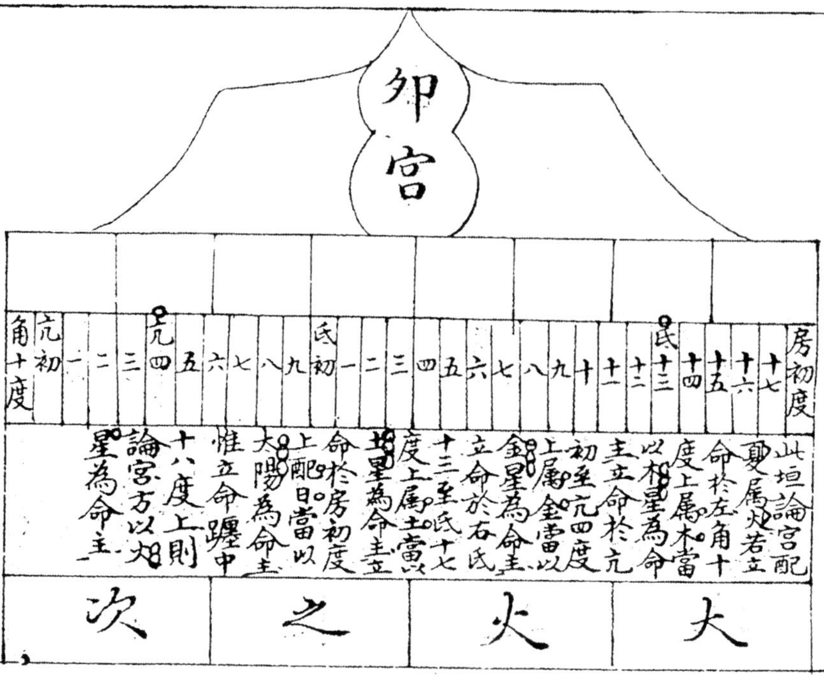

學者先須熟讀。并曉年上起月日上起時諸例。以便立四柱八字。

一年上起月、甲己两年正月起丙寅、乙庚两年正月起戊寅、丙辛两年正月起庚寅、丁壬两年正月起壬寅、戊癸两年正月起甲寅、

一日上起時、甲己两日起甲子、乙庚两日起丙子、丙辛两日起戊子、丁壬两日起庚子、戊癸两日起壬子、

辰宮

九　八　七　六　五　角四　三　二　一　角初　十二　十一　十　九　八　七　六　五　四　三　二　一　軫初　十六　翼十五　十四　十三　十二　十一　翼十度

此垣論宮配秋屬金若立命於左翌十至十五度上屬火當以火星為命主若立命於右角四度至角九度上屬木當以木星為命主惟立命躔中十八度上則論宮屬金方以金星為命主

壽星之次

一宮分所屬子丑两宮土寅亥两宮木卯戌两宮火辰酉两宮金巳申两宮水午宮為日未宮為月

一度數所屬角木蛟十度亢金龍九度氐土貉十七度房日兎四度心月狐七度尾火虎十四度箕水豹八度斗木獬二十三度牛金牛七度女土蝠十一度虛日鼠九度危月燕十九度室火猪十四度壁水㺄十三度奎木狼十度婁金狗

巳宮

九	八	七	六	五	翌立 四	三	二	一	翌 初	十七	十六	十五	十四	十三	十二	十一	十	九	八	七	六	五	四	張 三	二	一	張 初	七	星六度

此垣論宮配冬屬水若立命於左星六七度上配日當以太陽為命主立命於張初至張三度上配月當以太陰為命主若立命於右翌四至翌九度上當以火星為命主惟立命躔中十八度則論宮屬水方以水星為命主

鶉尾之次

十二度胃土雉十二度昴日雞八度畢月烏十三度參水猿只初度觜火猴十一度井木犴二十九度鬼金羊四度柳土獐十六度星日馬七度張月鹿十七度翼火蛇十六度軫水蚓十二度每宿各加一初度周天凡三百六十度

一二十八宿分布十二宮角勻九度始於辰十過卯宮亢氐兔房一心尾箕寅位箕六三臨丑斗同行牛女虛兮俱在子危

家秘本

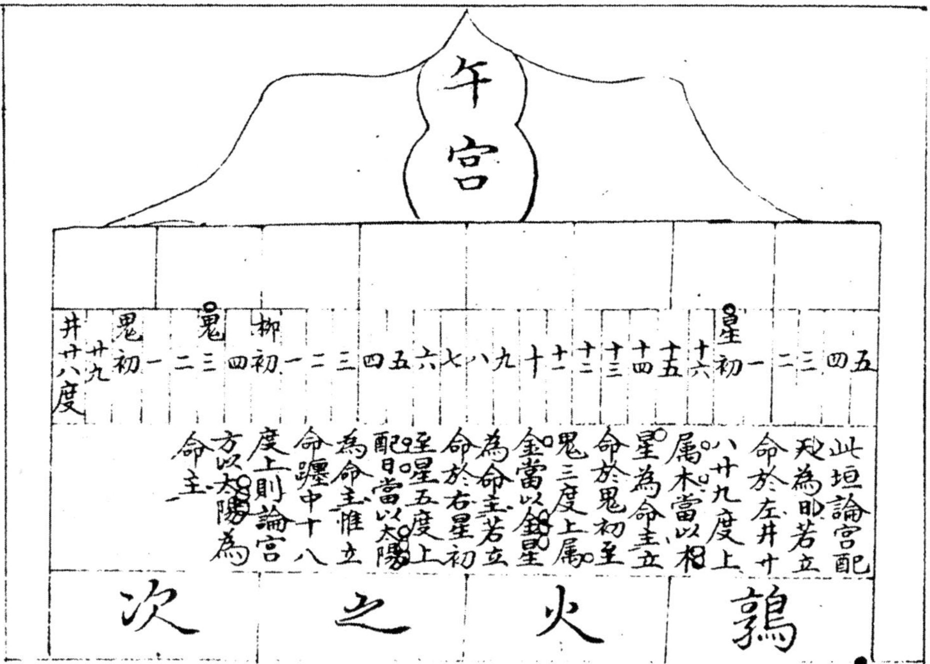

午宮
星 五 四 三 二 一 初 十六 十五 十四 十三 十二 十一 十 九 八 七 六 五 四 三 二 一 初 柳 四 三 鬼 二 一 初 鬼 廿九 井廿八度
此垣論宮配天為命若立命於左井廿八廿九度上屬木當以相星為命主立命於鬼初至鬼三度上屬金當以金星為命主若立命於右星初至星五度上配日當以太陽為命主惟立命躔中十八度上則論宮方以太陽為命主
鶉火之次

初過亥室九止室十壁奎居戌宮婁初胃昴酉宮使昴四畢參觜申垣觜十與井未起址午井廿八鬼柳星星六張翼巳宮分翼交十度聯軫宿還歸辰次足天經

一二十八宿度數分十二宮今改用十二月中氣為主故與前不合總之擇日必用本朝七政全書度數宮分方准

一生者相生也木生火火生土土生金金

蔡照堂傳

未宮

廿七	廿六	廿五	廿四	廿三	井廿二	廿一	二十	十九	十八	十七	十六	十五	十四	十三	十二	十一	十	九	八	七	六	五	四	井三	二	一	井初	十一	觜十度

此垣論宮配天為用若立命於左觜十度十一度上屬火當以火星為命主立命於井初度至井三度上屬木當以木星為命主若立命於右井廿二度至井廿七度上屬木當以木星為命主惟立命躔中十八度上方論宮以太陰為命主

鶉首之次

生水水生木

一尅者相尅也木尅土土尅水水尅火火尅金金尅木

一制者子來救母也金尅木得火制火尅金得水制水尅火得土制土尅水得木制木尅土得金制

一化者母來救子也金尅木得水化水尅火得木化木尅土得火化火尅金得土化土尅水得金化

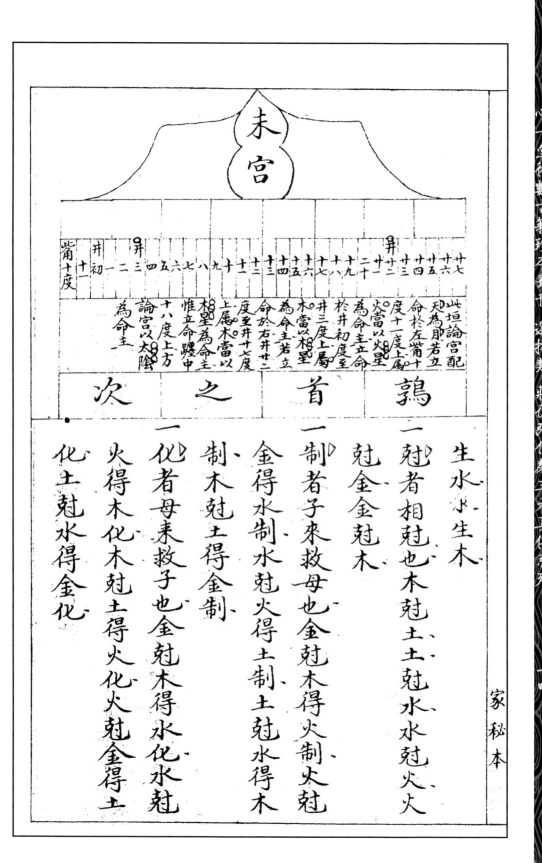

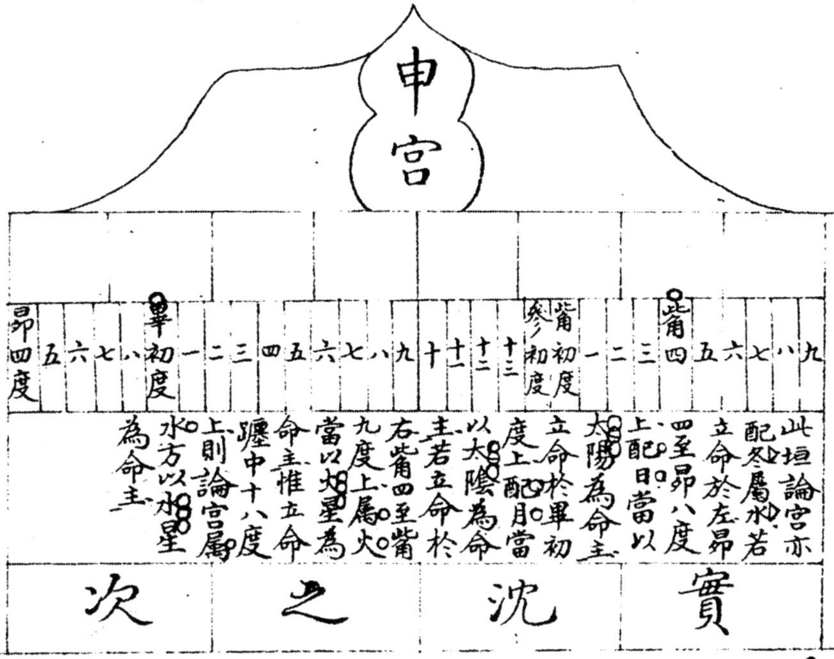

二對者對照也子午對照丑未對照寅申對照卯酉對照辰戌對照巳亥對照對照吉則吉對照凶則凶

一合者合拱也申子辰合拱寅午戌合拱巳酉丑合拱亥卯未合拱合拱吉則吉合拱凶則凶

一向者向朝也如日月向朝命宮命主恩用向朝命宮命主身主

一背者背躔也如羅計截諸星於東南而

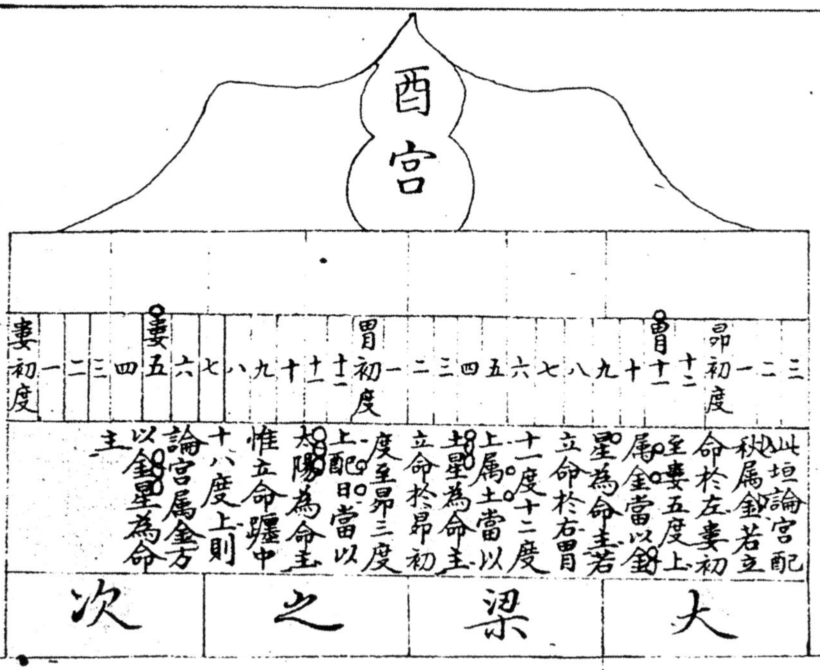

命立於西北如羅計截衆曜於西北而命立於東南

一前後有二論宮左旋論度右旋皆以未過者為前已過者為後如子宮為中以丑宮為前亥宮為後乃宮之前後也命之運行然也如角度為中以亢度為前以軫度為後乃度之前後也星之運行然也星有同宮前後之分又有同度前後之分經云日月同宮月要占於日前

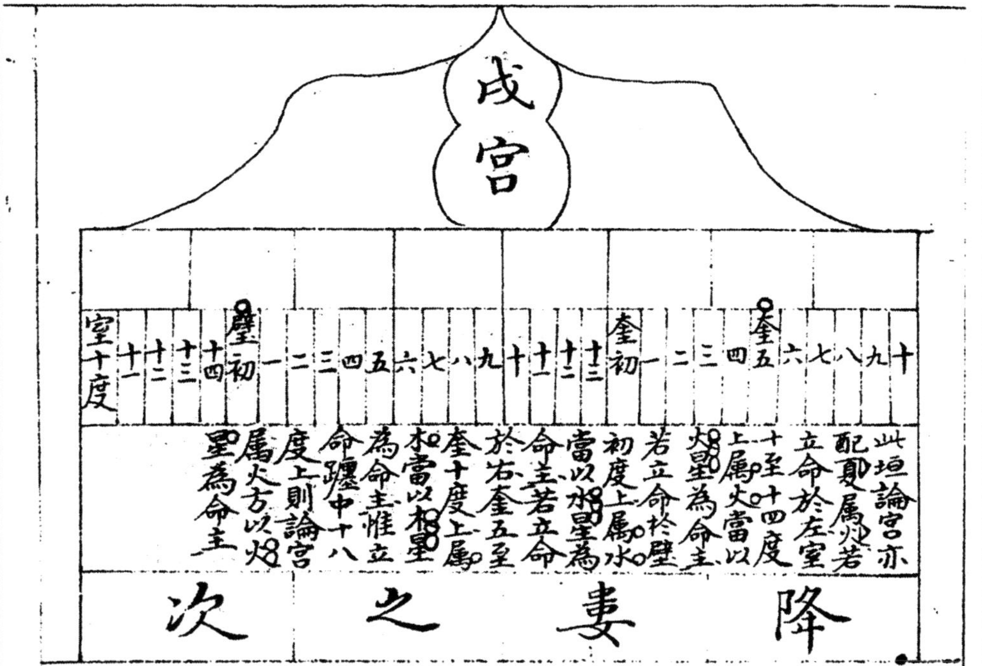

如月躔井日躔觜是也註月在日後將晦之象也月在日前漸盈之勢也又云金水會垣水忌退於金後如水躔井金躔觜是也又有相尅前後之分如土在井水在觜為禍輕如土在觜水在井為禍重大抵生我之星宜在後尅我之星宜在前（生星趕將來我自受生剋星已過去尅我不着）

一迎者星在前也如立命在寅而卯上有星謂之隔宮迎如立命在箕而斗度上

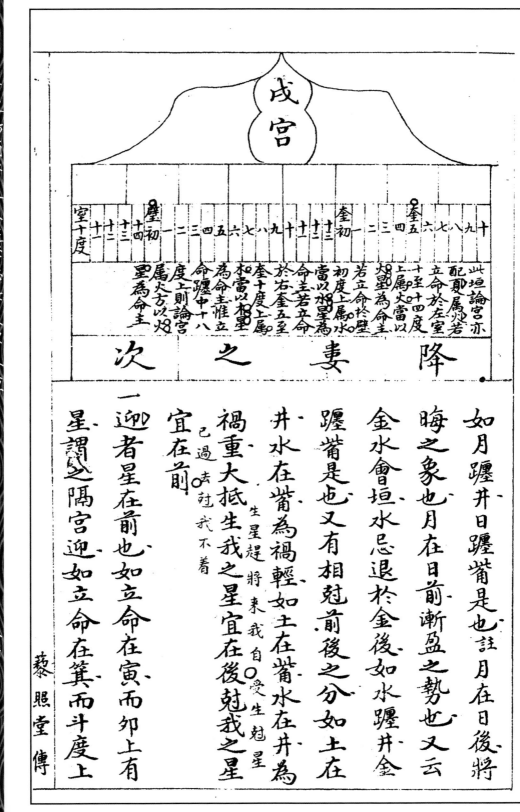

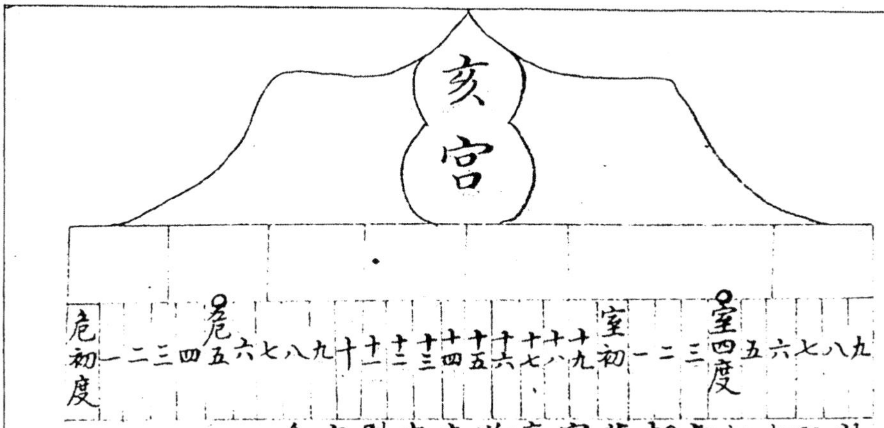

此垣論宮亦配春、屬木、若立命於左危初至危五度上、配月、當以太陰為命主、若立命于右室四至室九度上、屬火、當以火星為命主、惟立命躔中十八度上則論宮屬木、方以木星為命主。

娵訾之次

有星、謂之隔度迎、隔宮者稍輕、隔度者特重、又逆行一星在順行一星之前、亦迎也、迎吉則吉、迎凶則凶。

一送、者星在後也、如立命在寅、丑上有星、謂之隔宮送、如立命在箕、而尾上有星謂之隔度送、隔宮在者稍遠、隔度者較近、又逆行一星在順行一星之後、亦送也、送吉則吉、送凶則凶。

一順、者五星自北而西、自南而東也、相生

六合五行論

埜溪曰六合五行配天地春夏秋冬天左旋日右行日躔與月建相合故曰六合然有說焉地闢於丑故屬土子與丑合是以二宮屬土。木生於亥寅與亥合故二宮同木。火庫居戌卯與戌合故二宮同火。金本西方辰與酉合故二宮同金。水生在申巳與申合故二宮同水。午乃離明太陽火精未宮陰深太陰生之午與未合二宮分配以成七政詳天元歌註

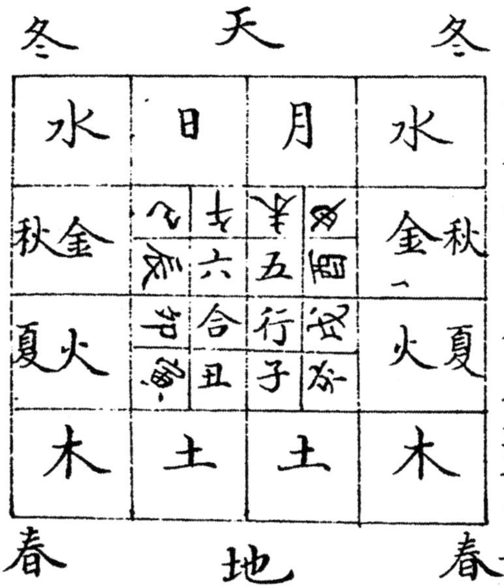

尤美

一逆者五星自北而東自南而西也相尅

尤忌

一日月亦左旋惟五星右旋

一衰者春土夏金秋木冬火四季水忌為命主然有恩用拱關輔夾。不妨。

一旺者春木夏火秋金冬水四季土宜為命主然不更有恩星拱關輔夾方妙。

一日月為命主身主其恩星用星即命宮

云吾云、天左旋日右行、日躔與月建相附麗所以有六合分左右方位以配七政所以有六合五行

之恩用。非另尋恩用也。至拱關輔夾。與命宮兩下交蔭。此千古不傳之秘寶之寶之。

按日月以金水為恩乃星宗之呆法也、勿從。

生尅以下、乃星家綱領也、宜細推。

日月夾命

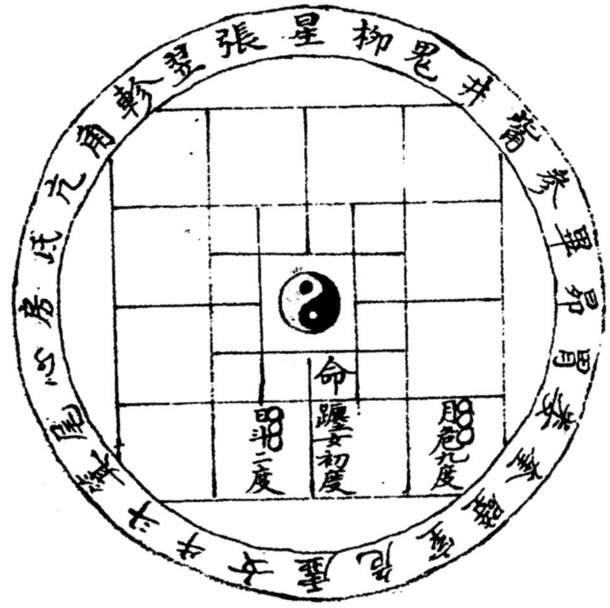

天星選擇秘旨

杜陵中陽子蔣平階大鴻氏著
靖江埜溪子朱源達星山氏註
海上云吾子汪宜耀士雲删正

天元第五歌

地利天時古聖言。堪輿兩字義相連。浪說江南無大地。但取年月日時利。真龍大地遍江南。也要天時一力添。初年禍福天時驗。歲久方知地有權。

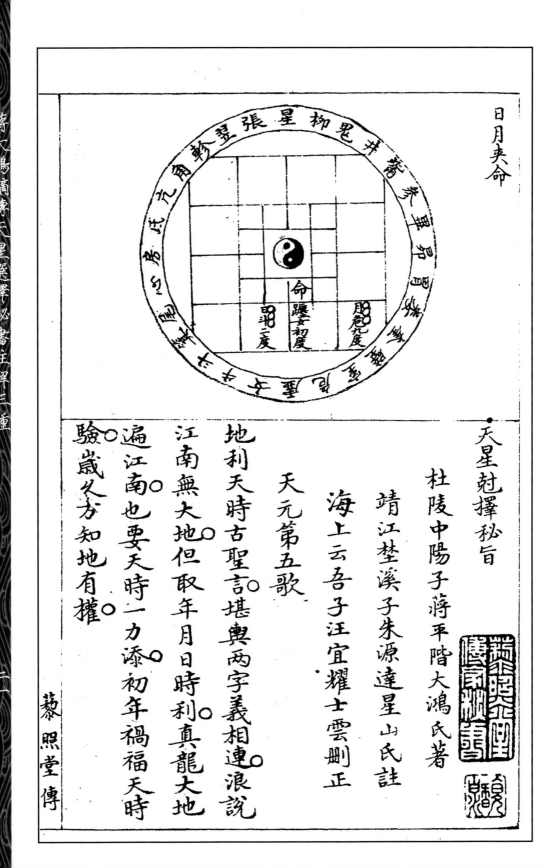

日月輔命

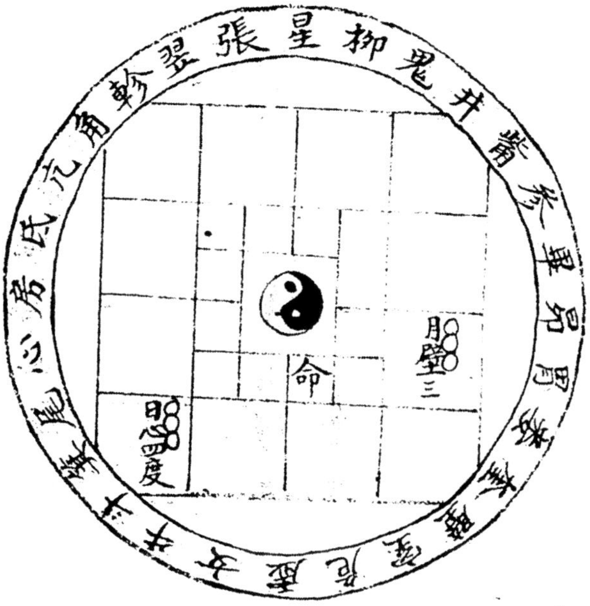

家秘本

右第七章言日時雖不及地氣亦司初年禍福故當兼重。孟子曰天時不如地利地利不如人和蔣氏用之以明天星合地局為天時地局合元運為地利而積德累仁契合天地之為人和不待言矣堪天道輿地道兩字義本相連謂有地局必取天星缺一不可大地即合元得局之地浪說放言也初年初葬年裡年外也歲久葬下三年之後也凡人

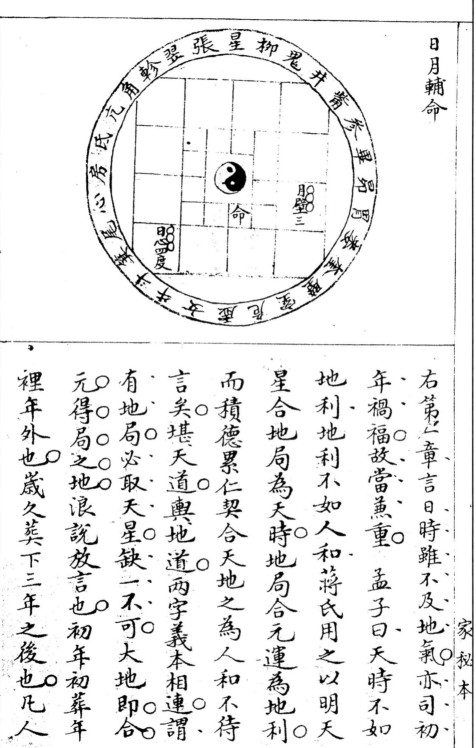

日月關命

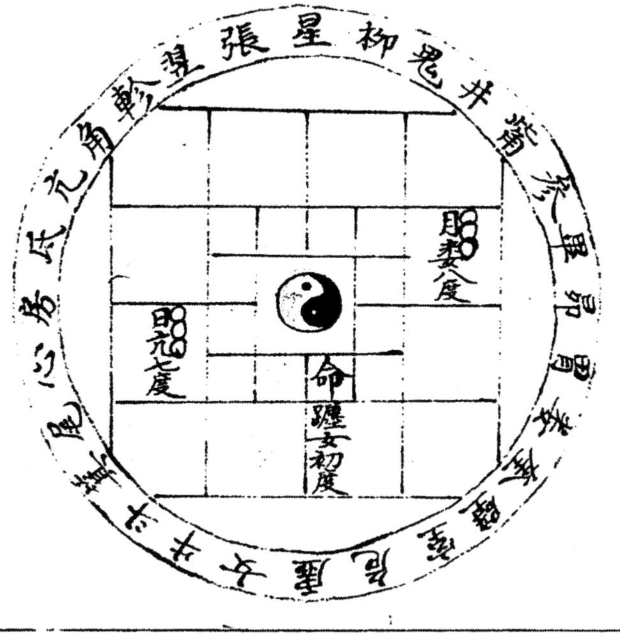

家起房造葬時日管初年禍福尤為術

家最要緊處

諸家尅擇最紛紜拘忌多端悞殺人此家言吉彼家凶對盡諸書總不同五載三年精一日萬般福曜總成空古來天子七月葬士庶踰月禮不曠年月何嘗有廢興日時只許論孤旺春秋葬日滿經書但辨剛柔內外宜裨竈慎梓皆博物豈昧陰陽誤萬機諸家選擇盡荒唐斗首元辰失主張

日月拱命

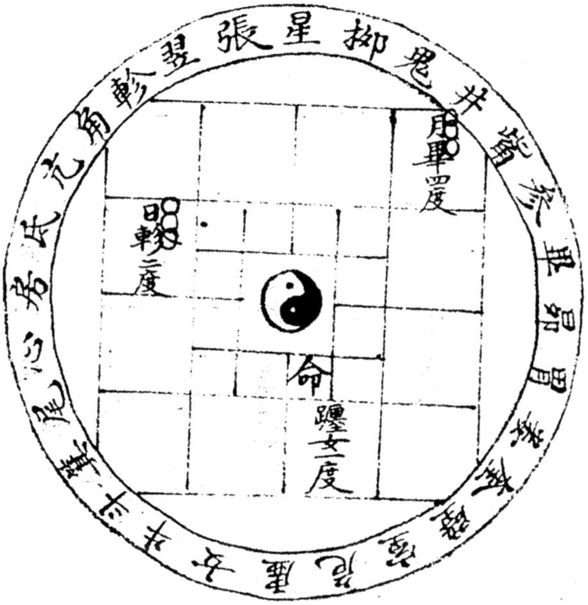

家秘本

奇遁演禽皆倒亂。不經神授莫精詳。世人尅擇重干支。生命亡命苦相持。致使子孫冲犯衆。多年不葬孝心違。

右第二章歷辨諸家選擇之非。　諸家者何。謂竅也馬也雷霆也四利也尊帝也鰲極也斗首也其類甚多言吉言凶。將何去取。勢必避假煞而犯真煞。危險極矣。古不云乎。天子七月而葬。諸侯五月。大夫三月。士庶逾月。有一定之禮。總

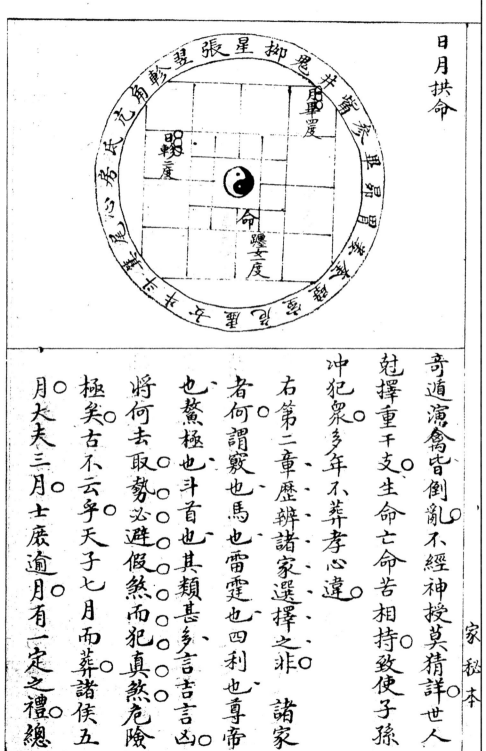

太陽照命

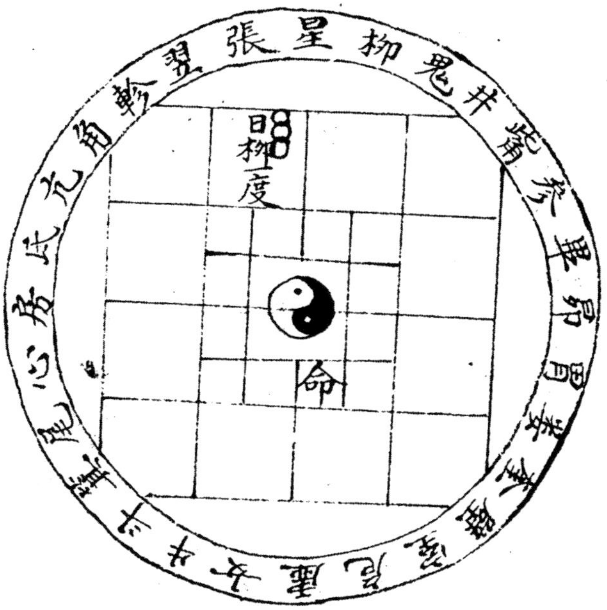

卯後更吉

之年月從無廢興○即日時亦只論孤虛旺相○春秋所書葬日○一循剛柔內外之宜○其時如鄭國史官裨竈○魯國史官梓慎○皆掌職天文而非昧於陰陽者○然未嘗創為干支神煞○力爭趨避○則其所重自有在矣○若夫專重干支將生命亡命苦苦相持○子孫愈衆而衝尅愈多○以至久遠停擱○豈不為仁人孝子所痛心哉○豈知死者已無命○（有生命消復命復○是陽）反氣入地為復命○復命

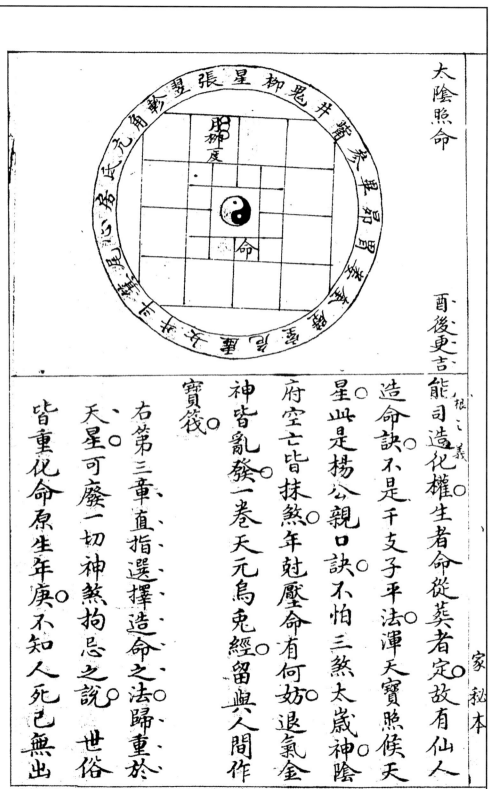

太陰照命

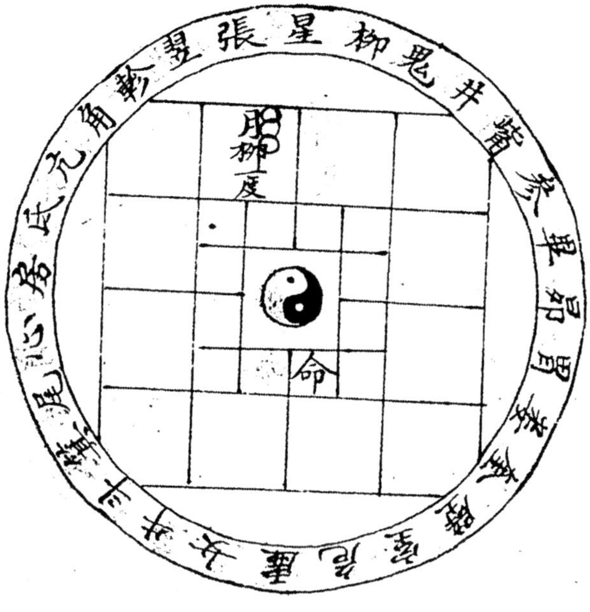

酉後更吉

能司造化權（根之義）。生者命從葬者定。故有仙人造命訣。不是干支子平法。渾天寶照侯天星。此是楊公親口訣。不怕三煞太歲神。陰府空亡皆抹煞。年尅壓命有何妨。退氣金神皆亂發。一卷天元烏兎經。留與人間作寶筏。

右第三章。直指選擇造命之法。歸重於天星。可廢一切神煞拘忌之說。世俗皆重化命原生年庚。不知人死已無出

忌星夾命

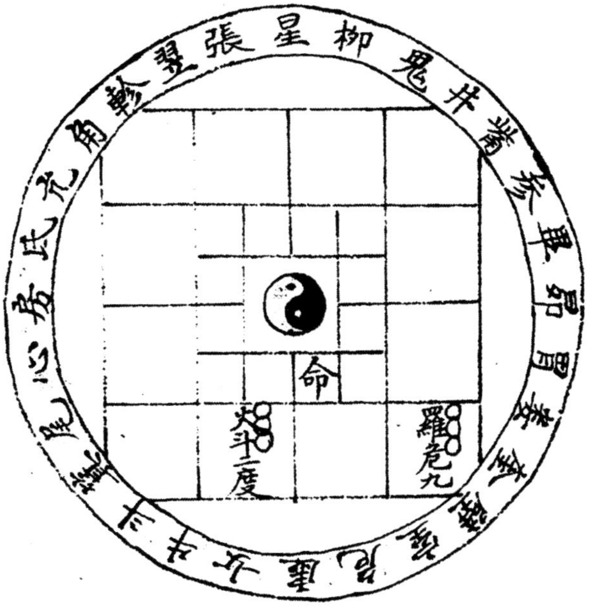

陰令吉

世之命矣。葬則返氣藏形。復有入地之命。此八字惟我所造。以啟後日吉祥。與原生年庚無涉。然造命一法。世人亦有專用子平者。將化命年庚山向會成三合局。此法亦未盡善。必細核臺𣕂推日月五星四餘過宮躔度之生尅制化。以造命方為良法。倘天星分布得經雖三殺方太歲方以及陰府空亡方亦可無拘。至謂子孫之年庚有年尅之忌壓命

恩星拱命

陰令吉

之忌退氣金神之忌皆胡亂之説也天元烏兎經即謂此書觀諸家之荒唐則此書寧非人間之寶筏乎哉

推原天地混沌成惟有日月是真精金烏玉兎本一物五星四餘從此生人生獨稟乾坤秀萬物皆是陰陽萌聖人觀象演厤法干支甲子作天經五行俱是陽中氣神煞何曾别有名只將日月司元化萬象森羅在掌心

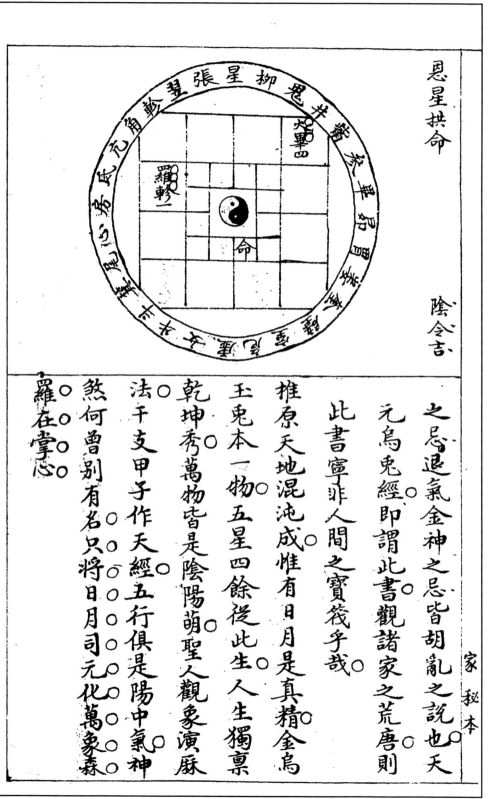

恩星闕命

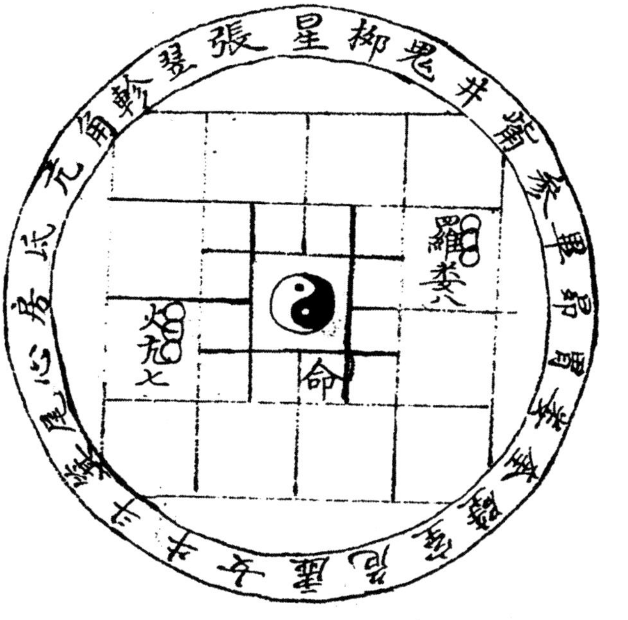

陰令吉

右第四章言造命天星以日月為主。天地未判其名混沌。自混沌分而陽氣居上。陰氣居下。上者輕清。下者重濁。於是天地位焉。天圓而動。包乎地外。地方而靜。處於天中。天體周圍三百六十五度四分度之一。凡一度九百四十分。四分度之一。即一度九百四十分中之二百三十五也。二十八宿分布周天。各占度數為經。而日月五星為緯。行歷於其

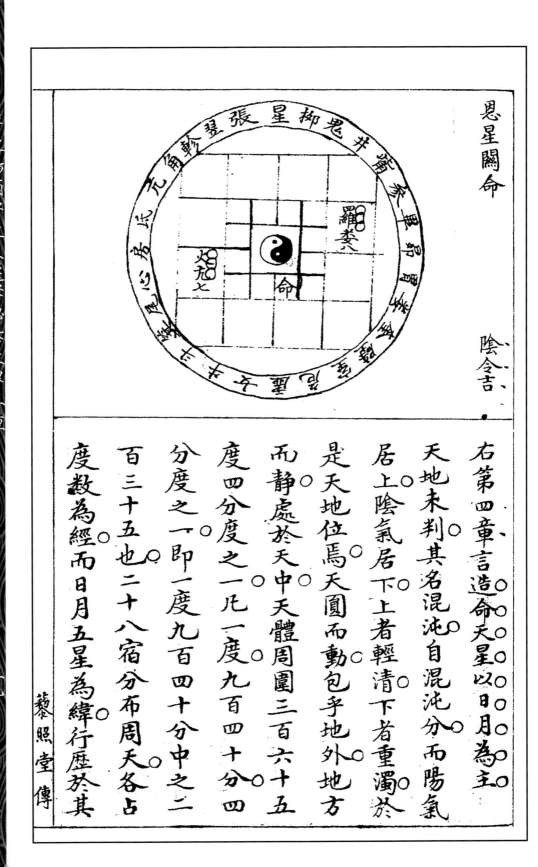

鬼星輔命

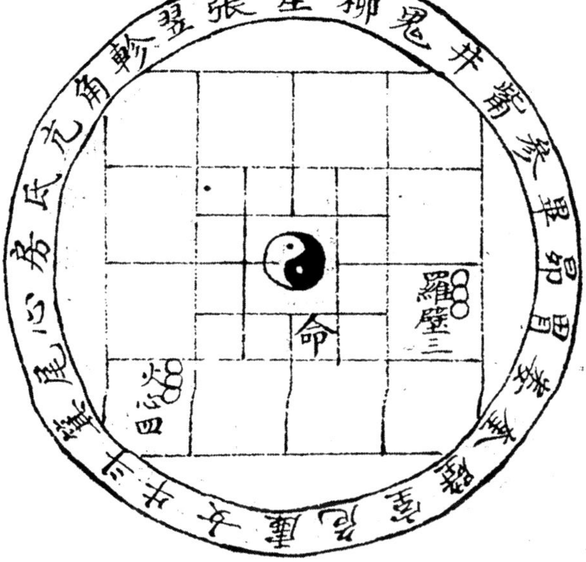

陰令吉

問○日者太陽之精○隨天左旋○一日繞地一周○比天運為不及一度○月者太陰之精○亦隨天左旋○一日不及天運十三度○月本無光○受日則光○合璧謂之朔○近一遠三謂之弦○相與為衡○分天之中謂之望○以速反舒○光靜體復○謂之晦○金烏謂日○玉兎謂月○一物猶言一氣也○五星即水火木金土○四餘即炁孛羅計○炁為木之餘○孛為水之餘○羅為火之餘○計為土

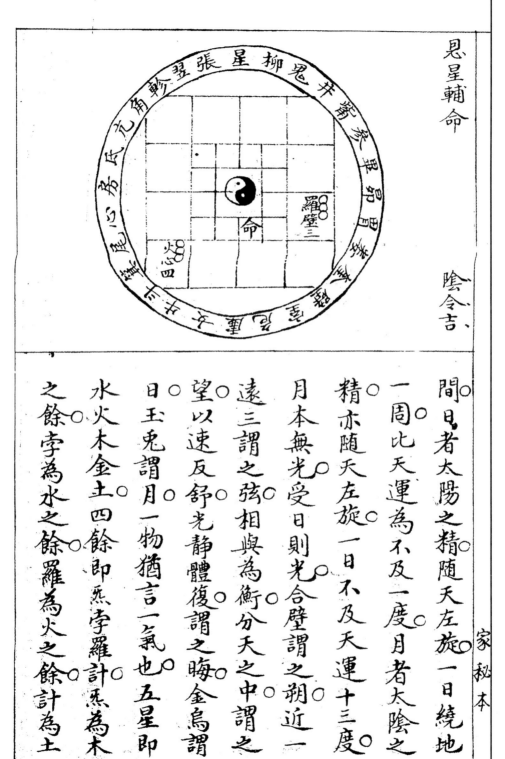

恩星照命

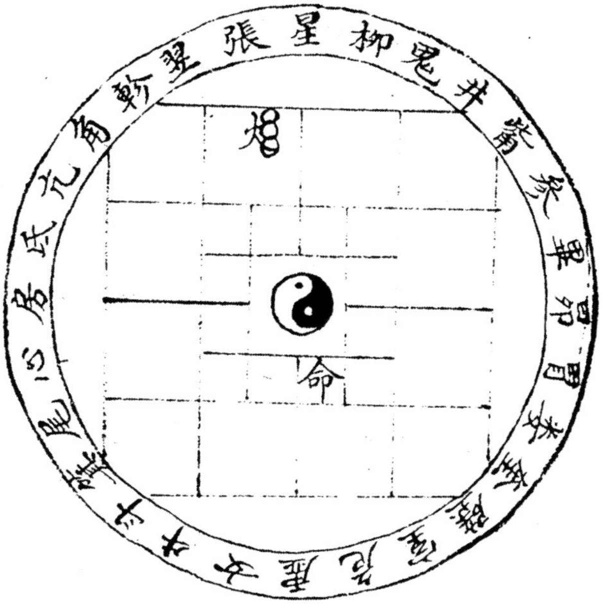

陰令吉

之餘獨金無餘蓋金尚殺伐天地好生故不使之再餘耳月受日之光以為光五星受日月之光以為光皆一氣之所生人與萬物亦孰有外於日月陰陽者乎聖人觀象四語言干支甲子特用以標識其所屬五行亦不外五星而為太陽一氣之所統安得別繫以神煞之名哉總之選日定時以日月為元化之根本則萬象森羅皆在我掌握之中矣故

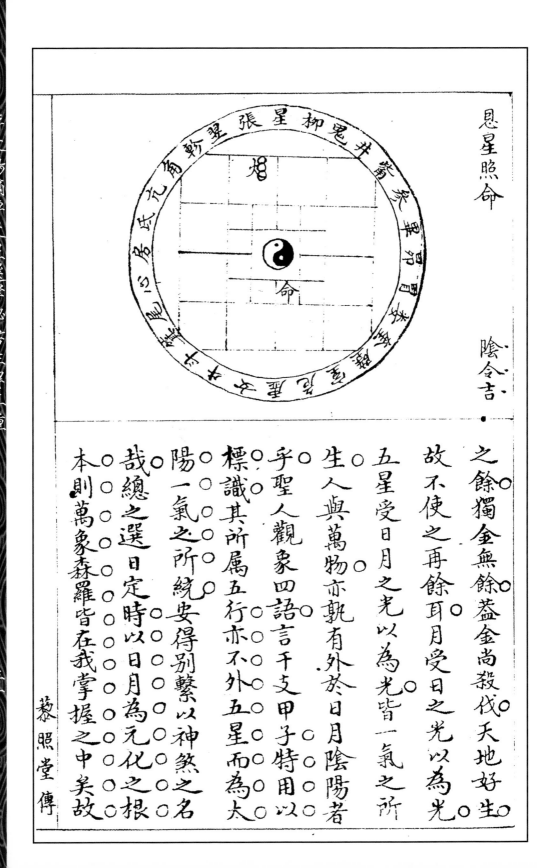

用星夾命

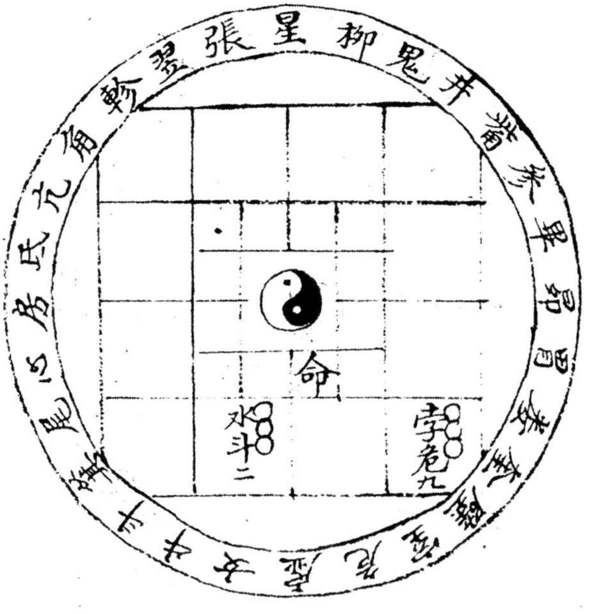

陽令吉

造命用天星只以日月為主
世間萬物各有命不但生人男女定造物
制器可同推修造葬埋咸取証日月五星
大象同一時八刻一移宮造命玄機時作
主毫釐千里不相通

右第五章言萬事萬物皆有命而所重在時　前章言萬事萬物皆是陰陽所萌此章申言萬物各有其命不但人生於世有年月日時即造一物件制一器

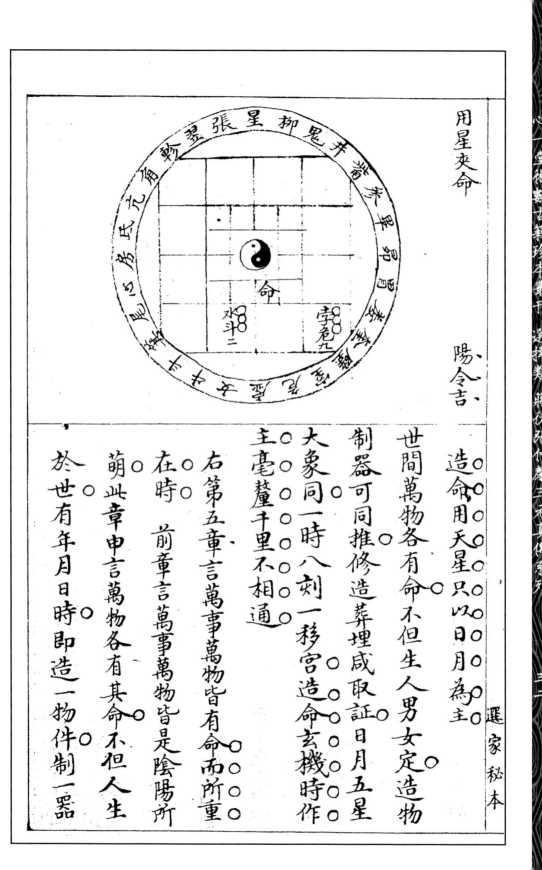

用星拱命

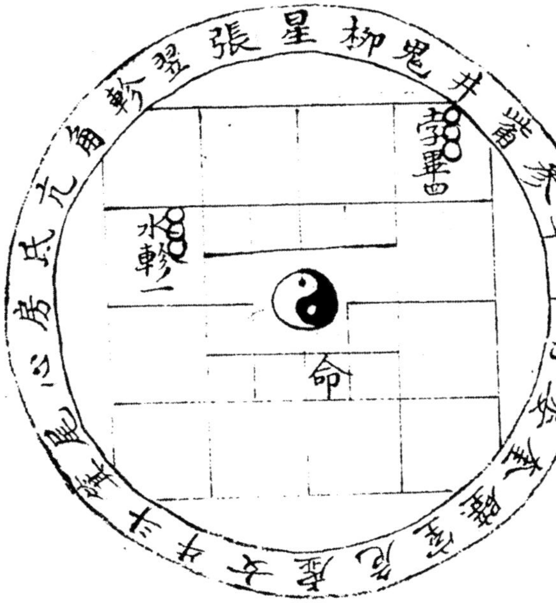

陽令吉

四亦莫不有年月日時而況修房造屋葬玉埋金之大乎其取用年月日猶輕取時為重蓋日月五星同麗於天一時八刻移過一宮造命用日月五星全在乎安命安命全在乎取時若差之毫釐謬以千里不可不慎也凡修造製器一應生人之事皆以本時加太陽躔宮順數過卯安命如太陽在子宮用酉時以酉時加子宮順數至午宮過卯即是午

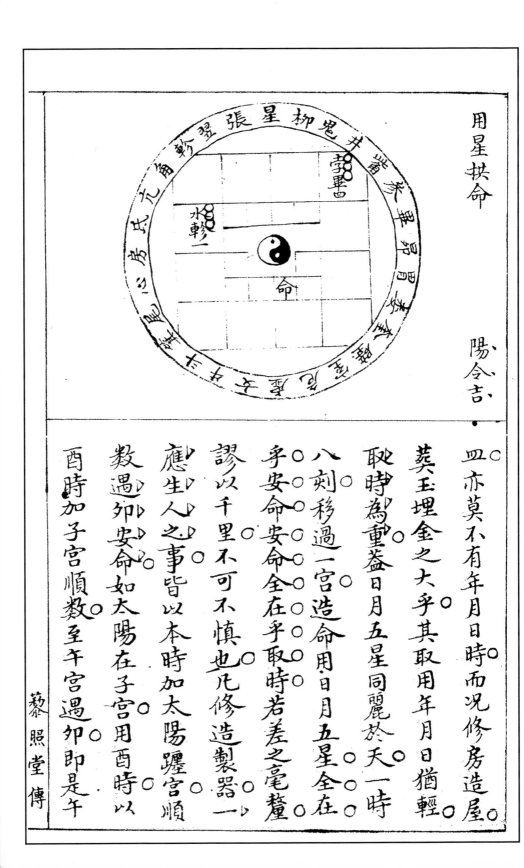

家秘本

用星闕命

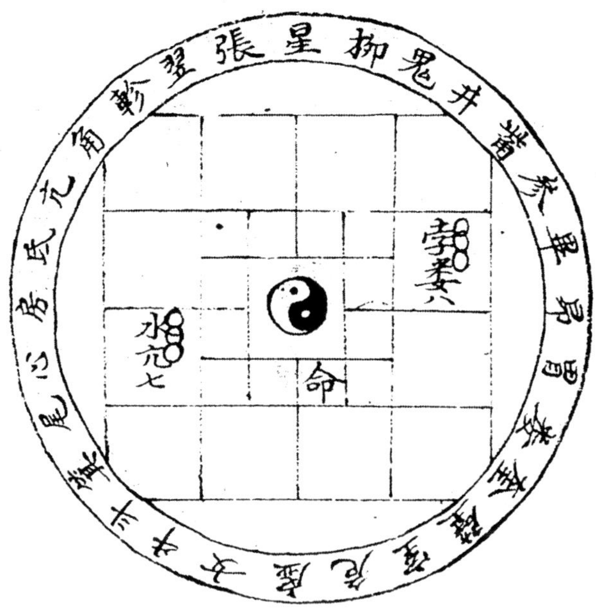

陽令吉

為命宮蓋日出在卯昭明之始故生人之事以卯為安命又以太陽所躔之度對着命宮之度如太陽躔子宮虛六度對着午宮星二度即是命度太陽在子宮女四度對着午宮柳五度皆是也他宮做此葬埋以本時加太陽躔宮順數過酉安命是為山命其命宮命度法同前蓋日入在酉幽暗之始故歸隱之事以酉為安命所謂安命全在乎取時者

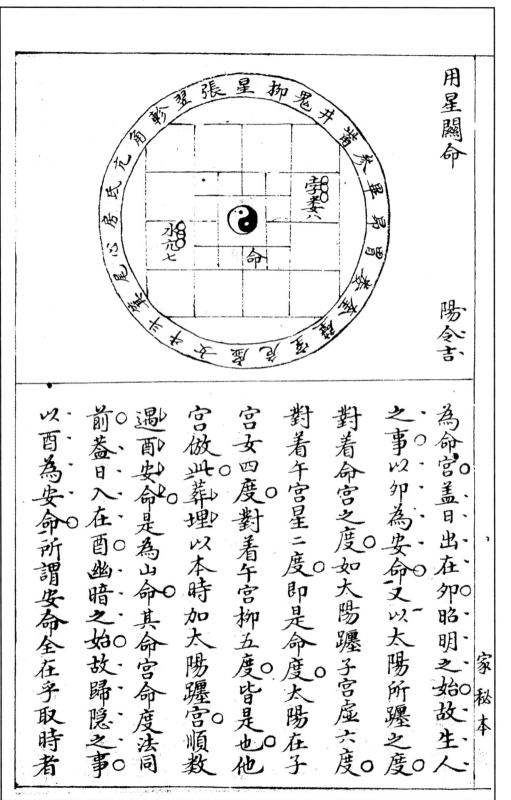

用星輔命

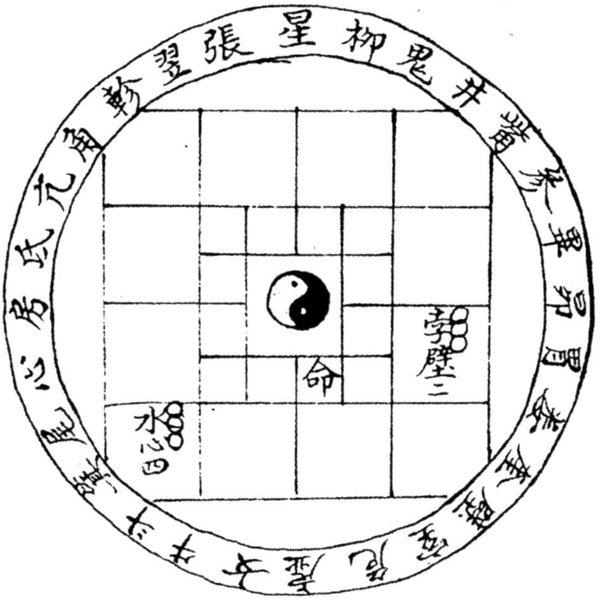

陽令吉

如此○而取時之法○則以十一曜為權衡○太陽之右旋於天也○一日行一度○一月移一宮一歲一周天○太陰則一日行十三度○兩日半行一宮○一月一周天○木星或五日行一度○大約一年行一宮○十二年一周天○火星或一（一說二日）日半行一度○大約兩月行一宮○兩年一周天○土星或十日行一度○大約二十八月行一宮○二十八年一周天○金星或一日行一度○大約一

用星照命

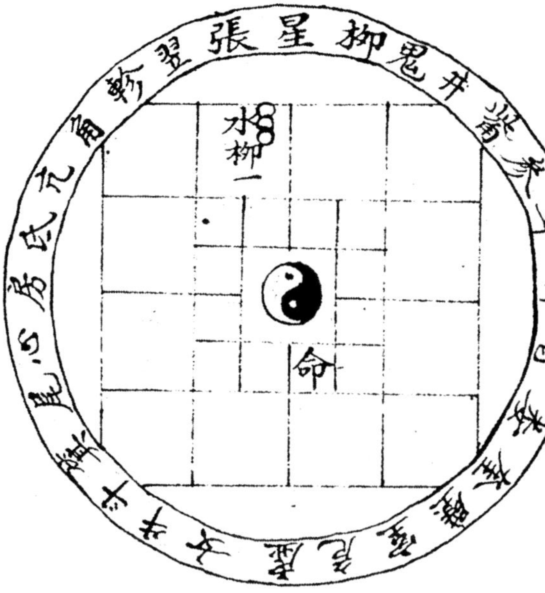

陽令

家秘本

月行一宮。一年一周天。水星或一日行一度。大約一月行一宮。一年一周天。炁星二十九日行一度。大約二十九月行一宮。二十九年一周天。孛星九日行一度。九月行一宮。九年一周天。羅星十八日行一度。十八月行一宮。十八年一周天。計星十八日行一度。十八月行一宮。十八年一周天。凡其每日所躔之度。皆當參考。以觀其合格與否。舊臺厯太陰

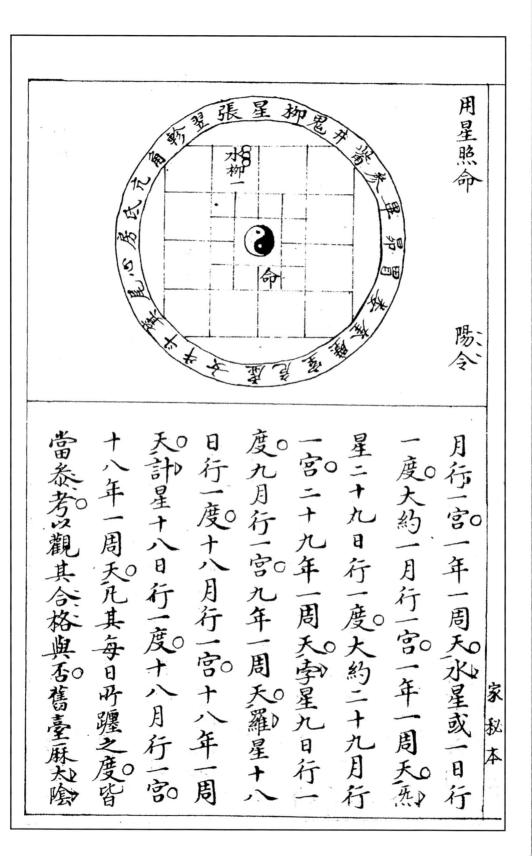

恩星夾身

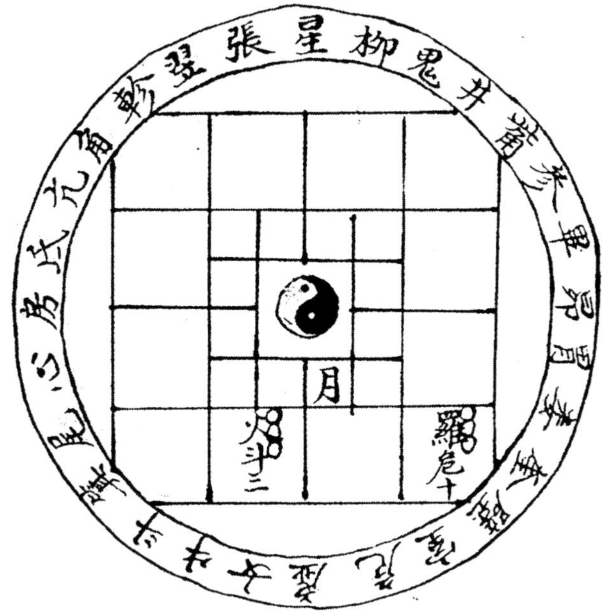

陰令酉後吉。

自朔以後記其酉時一度。自望以後記其卯時一度。謂之朔昏望晨。今御製臺麻太陰躔度。皆從子時起。尤便於查。按此皆就所擇之日。而考其右旋何如也。（日行度之右旋）十一曜既定。方可擇時。若制器造物。但須看一合格之宮。可以恩用兼收者。而擇一時焉。以安命於其中。若修造葬埋。更當察日月恩用一時左移一宮。而以山向兼收之。造命約言內有云時行宮。

家秘本

恩星拱身

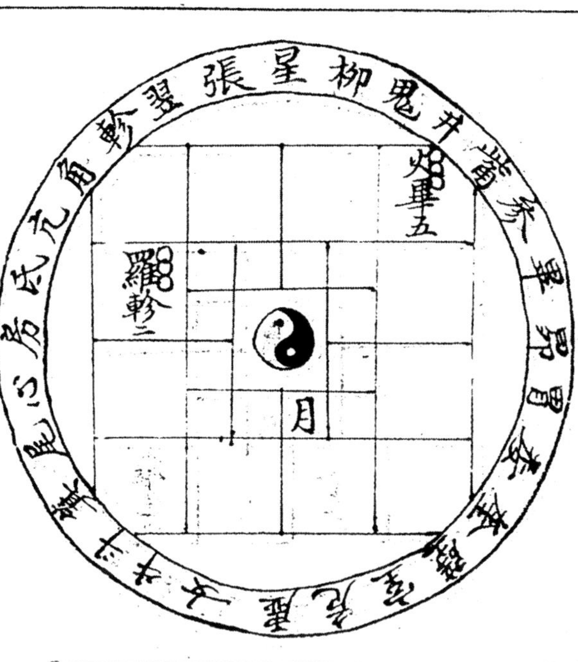

陰令酉後

日行度。二太陽神奇莫測。蓋時行宮即躔天左旋之太陽。日行度即順度右轉之太陽。非真有二太陽也。舉太陽而其餘兼左右旋。亦可知矣。

先將晝夜別陰陽。晝夜晨昏(卯酉)出沒詳。十二宮中三十度。大約六度是分疆。贏縮授時毫末細。量天廣尺未能量。

右第六章論用日月須分晝夜。

日出地上謂晝。日入地下謂夜。一晝一

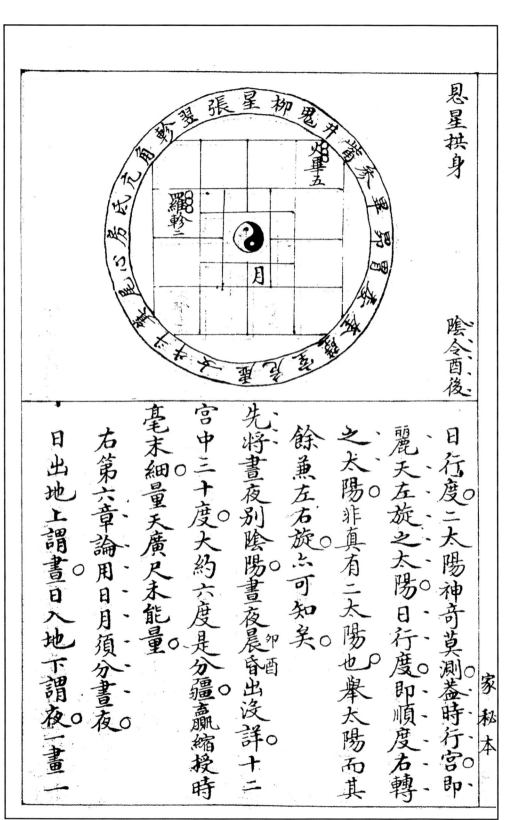

忌星關身

陰令酉後

夜謂之一日。前章言造命以時作主。然時又有晝夜之分。凡自卯至申為晝為陽。自酉至寅為夜為陰。晝重日夜重月。然太陽在四五月出寅入戌。則寅酉亦作陽時。至十月出辰入申。則卯申亦作陰時。晝夜統舉十二時而言。晨昏專指寅卯辰申酉戌而言。太陽出入。乃晝夜短長晨昏早晚之所係。所以說晝夜晨昏出沒詳也。分疆謂各省疆界不同而

忌星輔身

陰令酉後

太陽之出沒由此而分。其分只在二刻之間。六度之內。若逐月所記太陽出沒在正三刻初初刻者。未可執定其時。尚在某宮。某時已移某宮。至有他星在太陽前後。又不可誤認右旋之同度。即為左旋之同宮也。天體每一度約一千五百里。六度凡九千里。援時贏縮。極於毫末。不越中國九千里之地。而究非六度之所能盡。故以大約言之。時憲書前列

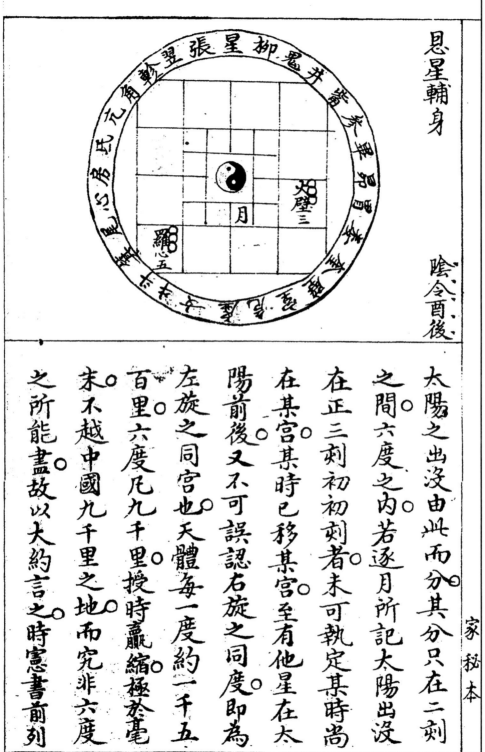

二十八宿七政明四句言七政之臨二十八宿皆當深論宮淺論度以別其生尅衰旺命入躔宮以下方論命與日月

恩星照身

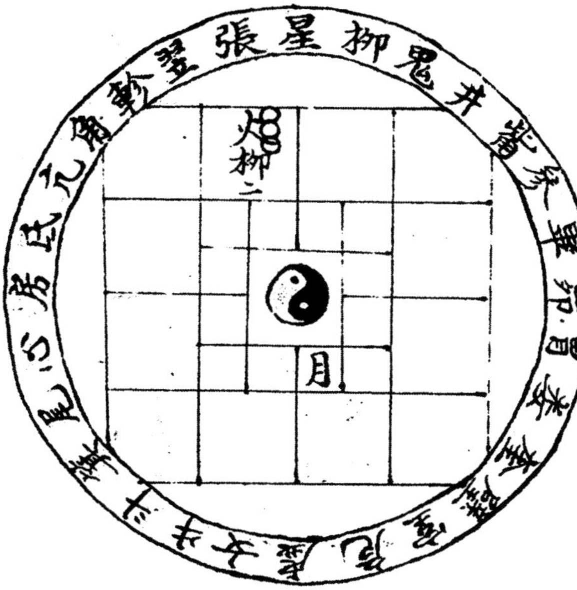

陰令酉後

各省太陽出入○有志刻不志分者○所謂量天廣尺未能量也○

二十八宿七政横論宮論度要分明深圖論宮淺論度一分一杪不容情命入躔宮變五氣日月隨命分五行五曜四餘扶日月生尅衰旺準天平最取用星為福曜有恩有用作干城用若専權為上格忌星一雜福斯輕○

右第七章論十二宮分躔度五行而歸

日月夾山

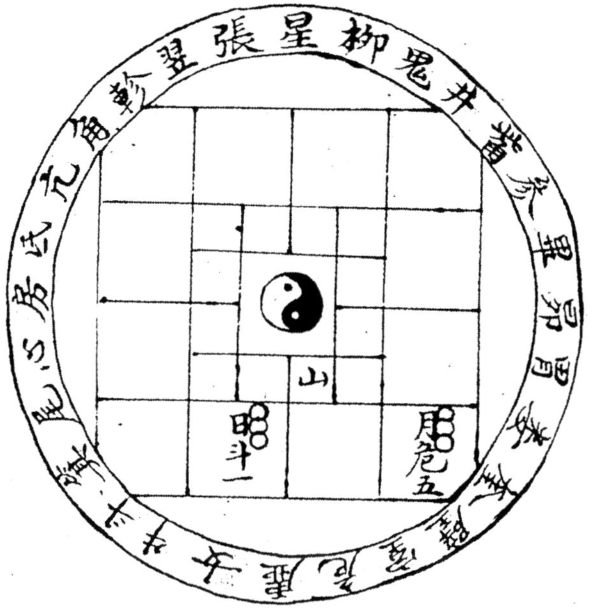

家秘本

重○於○忌○用○　二十八宿○布滿周天○居三百六十度○分應日月五星○房虛昴星應日○心危畢張應月○亢牛婁鬼應金○箕壁參軫應水○角斗奎井應木○尾室觜翌應火○氐女胃柳應土○臨制其方○各一七政也○子丑寅卯辰巳午未申酉戌亥○分配十二宮○應十二月○六合以應七政○十一月建子○日躔丑○十二月建丑○日躔子○子丑二宮合○配○地屬土○正月建寅○日躔亥○

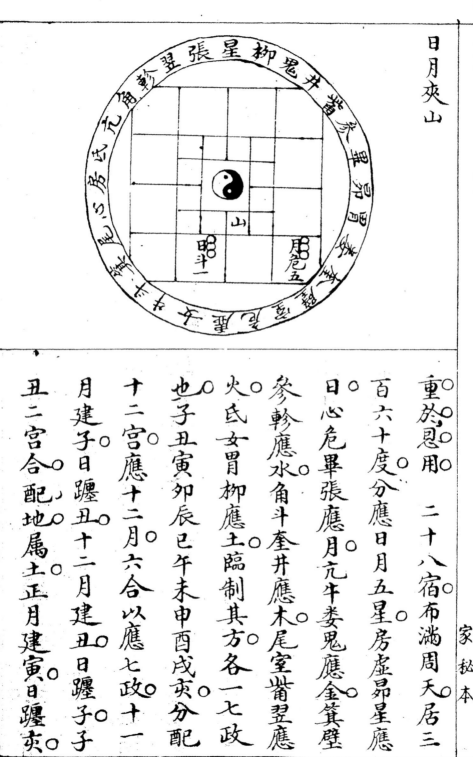

日月拱山

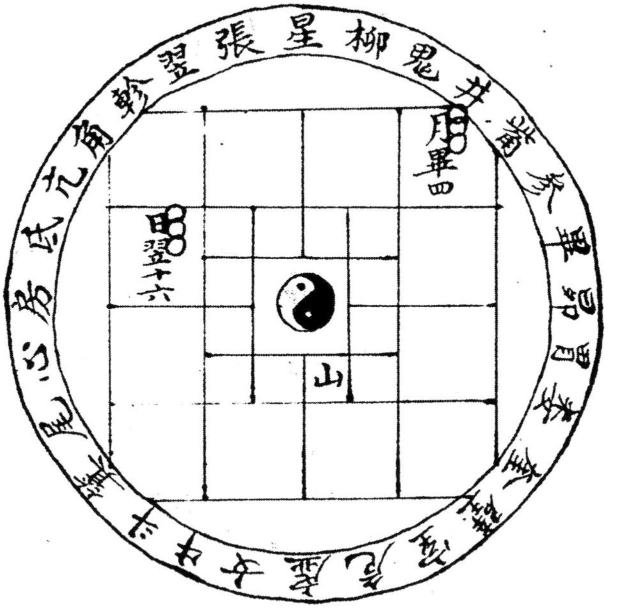

十月建亥日躔寅寅亥二宮合配春屬木二月建卯日躔戌九月建戌日躔卯卯戌二宮合配夏屬火三月建辰日躔酉八月建酉日躔辰辰酉二宮合配秋屬金四月建巳日躔申七月建申日躔巳巳申二宮合配冬屬水五月建午日躔未六月建未日躔午午未二宮合配天午為日未為月是為六合五行凡安命宮以此論忌難蓋子丑二宮土以火

日月闕山

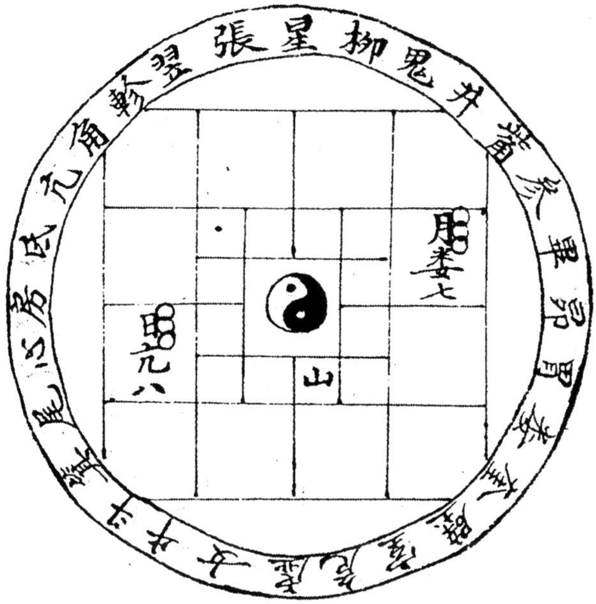

羅為恩木炁為難寅亥二宮木以水孛為恩金為難卯戌二宮火以木炁為恩水孛為難辰酉二宮金以土計為恩火羅為難巳申二宮水以金為恩土計為難午為日怕木炁掩光未為月怕土計掩光論宮論度安分明立命在宮之中十八度以本宮所屬論生尅配恩難在宮之左右各六度以度之所屬論生尅配恩難蓋受氣深則論宮受氣淺則論

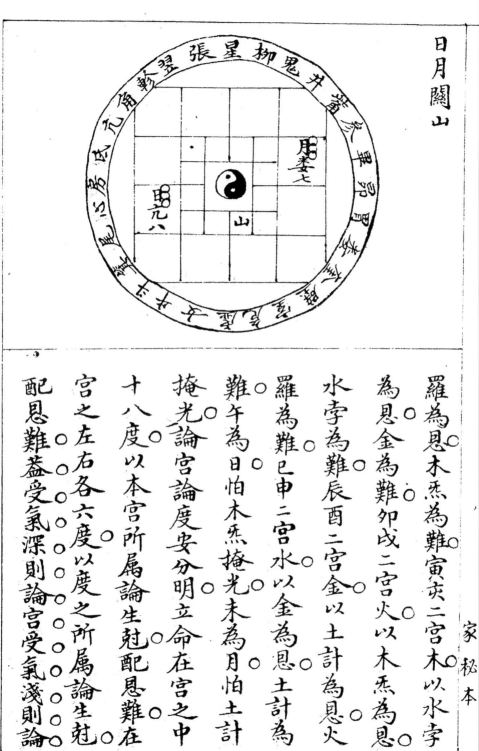

日月輔山

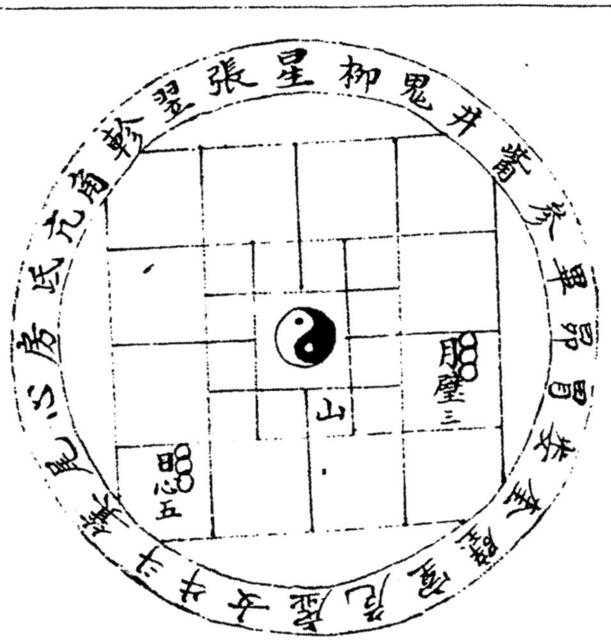

度分抄不能容情也假使宮度不明該論宮而論度該論度而論宮則本是恩星反作難星而避之本是難星反作恩星而趨之顛倒錯亂生尅難憑禍福天淵矣又造命用日月為身主即以命之五行為五行苟命主之恩用與日月拱闗輔夾最為得力葢五星四餘扶助日月其生尅衰旺如天平之準然其中恩星猶有不吉之時候惟用星永為福曜

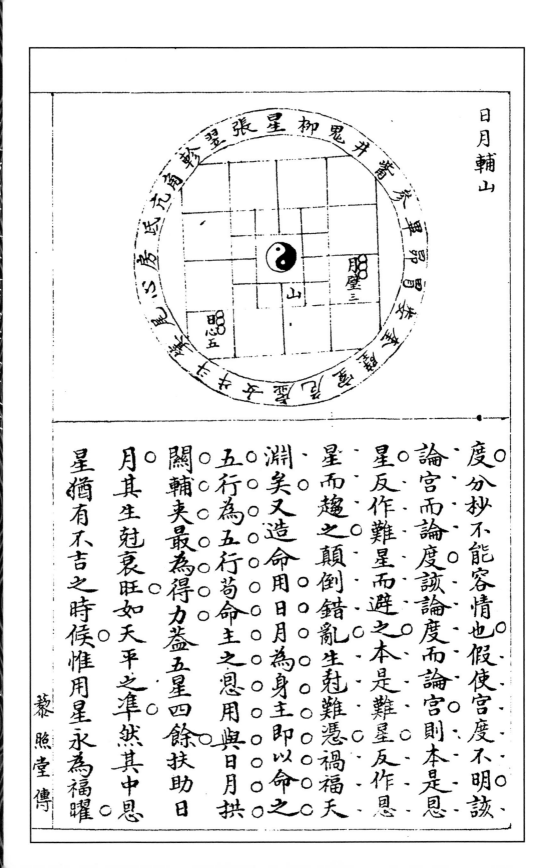

尤看晝夜與宮垣羊卧雲曰晝用金水孛為奇夜作孤星非所宜月火羅星為夜用宮垣得地出天機此條甚善然愚謂其尚未得看宮垣之扶大抵命坐水宮火羅尤利命坐金宮水孛尤

太陽照山

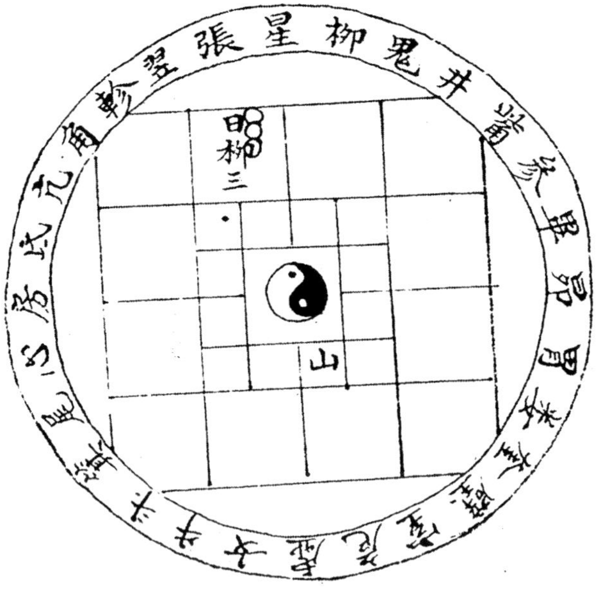

卯後

若用星專權而忌星一雜又非全美故選擇者必致詳焉

用曜一星落何處陽時陰候分邊際冬夏二至陰陽極春秋兩分是平氣平氣陰陽用可兼尤看晝夜與宮垣畧過平氣陰陽別當極之時禍福專陽令惟用金水孛陰令惟用火與羅秋木獨宜水兼孛春土火羅金計土春在分後須陰助秋在分後宜陽輔

太陰照山

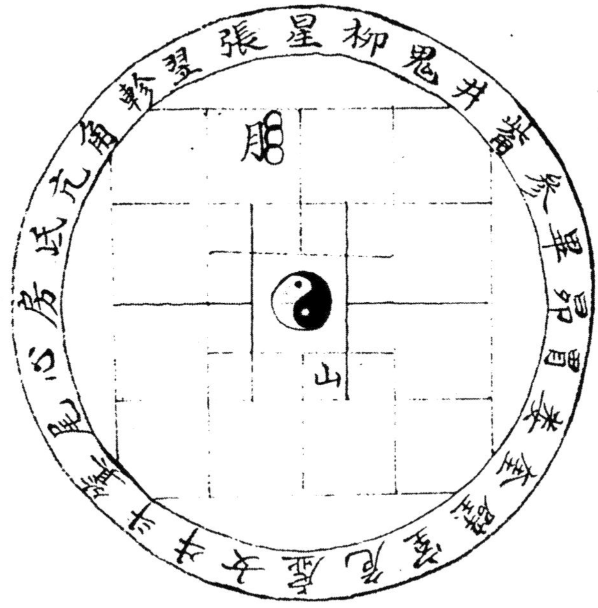

酉後

右第八章專論四時用忌之變。自三月至七月為陽令用曜宜金水孛自九月至正月為陰令用曜宜火羅惟二八兩月分前分後水火羅孛兼用而冬至為陰極陽生夏至為陽極陰生用曜尤得力蓋天運左旋自子一陽生至丑二陽寅三陽卯四陽辰五陽巳六陽自午一陰生至未二陰申三陰酉四陰戌五陰亥六陰凡節氣各有所偏惟春秋二

交蔭山命

平令吉

分在卯酉之初為平氣之時其他或陽多陰少或陰多陽少陽多則燥陰多則濕燥宜潤故用水孛濕宜温故用火羅平氣兼用而曰尤看晝夜與宮垣者用卯辰巳午未申六時太陽在上喜用金水孛用酉戌亥子丑寅六時太陰在上喜用火羅命安金垣水孛尤利命安水垣火羅尤利皆自然之理也陽令以下乃詳其實秋分之木虛宜水孛以生之

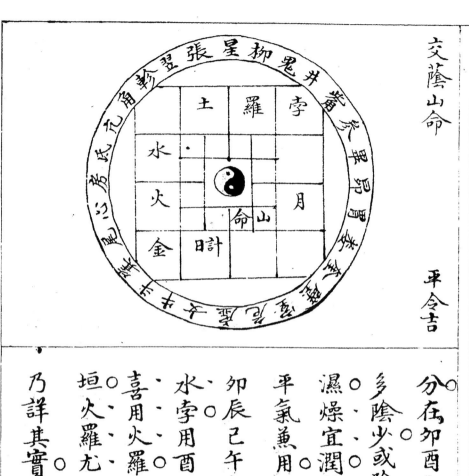

寅戌兩星光在午

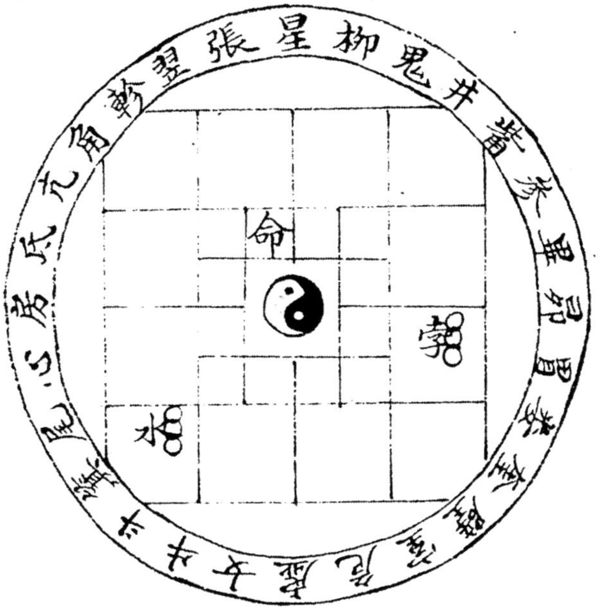

陽令吉

春分之土虛宜火羅以生之金孤宜土計以生之於此益見其精密

宮辰星體兩兼收度前度後要深求尤向五星探伏現逆來順去并遲留三方對照繫相隨同宮隔宮一例推拱夾有情權力大日月交受格尤奇

右第九章備言宮星恩用諸格正變之法　宮辰即安命之宮辰星體即立命之主星兩宜兼收恩用以拱闕輔夾如

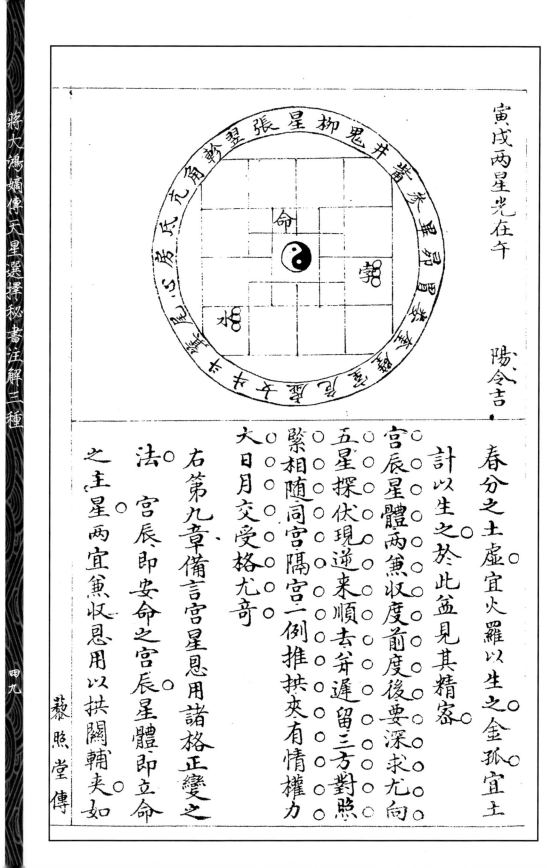

丑亥二曜子中依

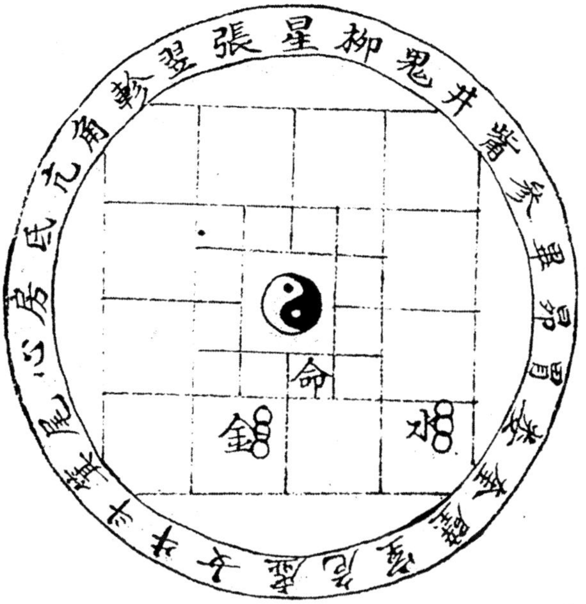

陽令吉

家秘本

子宮立命屬土。土星躔入辰宮。恩用兼照本宮與主星是也。度前度後要深求。蓋吉星在度後趕命度命主者大吉。在度前已過者為次吉。凶星在度後趕命度命主者大凶。在度前已過者為次凶。其吉凶之星。有遲留伏逆。亦不可不察也。三方乃申子辰、寅午戌、亥卯未、巳酉丑、如命安子宮。須申辰兩宮有好星吊照。對照如命安酉宮。而吉星在卯宮。緊

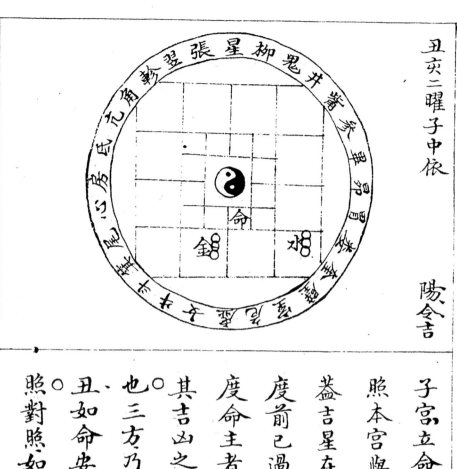

寅申有曜亥宮忌

陽令吉

相隨謂吉星與命同宮同度○宜分三項○同宮○承繫相隨○隔宮承三方與對照○而下文拱夾亦在其中○其吉凶一例而斷○三方弔照曰拱○左右兩宮夾照曰夾○日月交受○或日在命宮之前而月在後○或月在命宮之前而日在後○或日月三方照命○或日月對宮照命○或日月左右夾命○或日月在命宮之當天入地○兼得恩○用方謂之交受○言命宮而坐山亦在其

巳丑卯宮

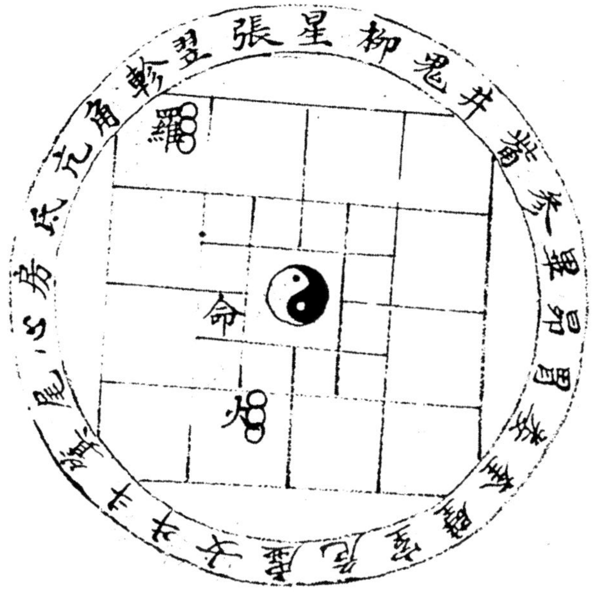

陰令吉

家秘本

中矣星宗云五星遇日須當伏三合逢陽便是留要識對宮為逆度不逢陽處順行過又云遲留生旺在君前富貴榮華樂自然尅我無情泄我氣伏逆君後更為嬿凡日躔命度之前取用陽時即卯後六時是也月在命度之前取用陰時即酉後六時是也

身當旺令不須恩但將用曜作根原平令獨恩難發達衰時得用尚無愆以恩為用

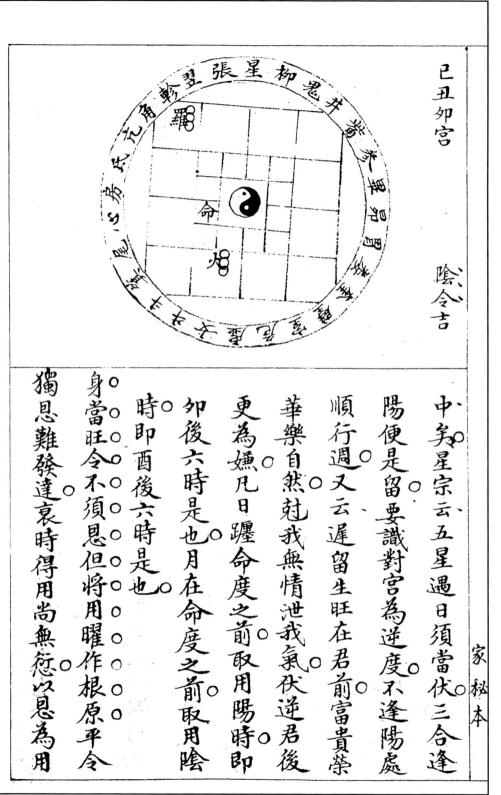

亥未酉宮

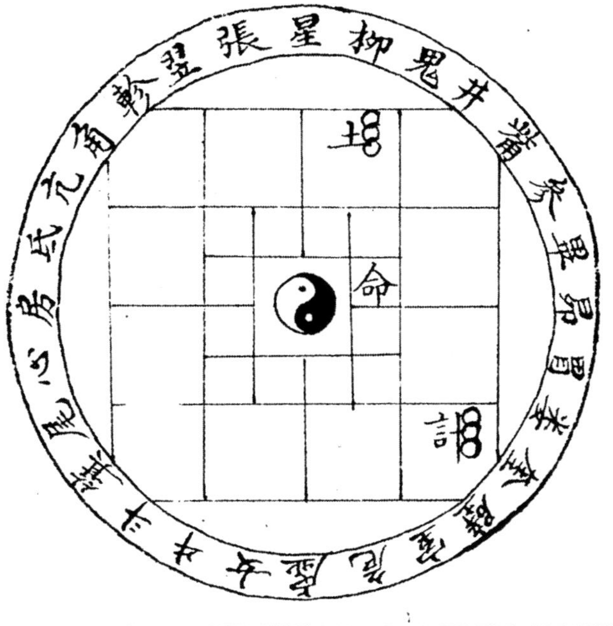

春令始吉

真至寶。以難為用多起倒。以恩為忌壽而貧。以難為忌身不保。

右第十章論忌用離合之法。身命為一物。正當旺令。恩星翻有所忌。如木以水孛為恩。而孟春木旺之時。猶有微寒未退。借火羅以溫之。則無盤屈之拘。而有舒泰之美。設使水孛相逢。則根損枝枯。不能榮盛。火以木炁為恩。而夏初火旺之際。水入火宮。火入水地。名為桃花

家秘本

滾浪○水暖花紅○不待木炁而後化也○設使薰蒸已盛○而木炁来生○則燥極而反自息滅○土以火羅為恩○而春夏二季土旺之候○陽盛陰虛○有炎燥之象○斷不可與火羅同度○受其熇爍○惟秋冬二季○火羅以恩兼用○方為有助○金以土計為恩○而秋令金旺○不怕火羅之尅○焉用土計之生○設使土計相逢○則土重金埋○反為掩晦○水以金為恩○而冬令水旺○必得火

癸卯
辛酉
丁未
庚子

蔣公遷葬丹陽張太宰吉日係康熙二年八月十二日子時

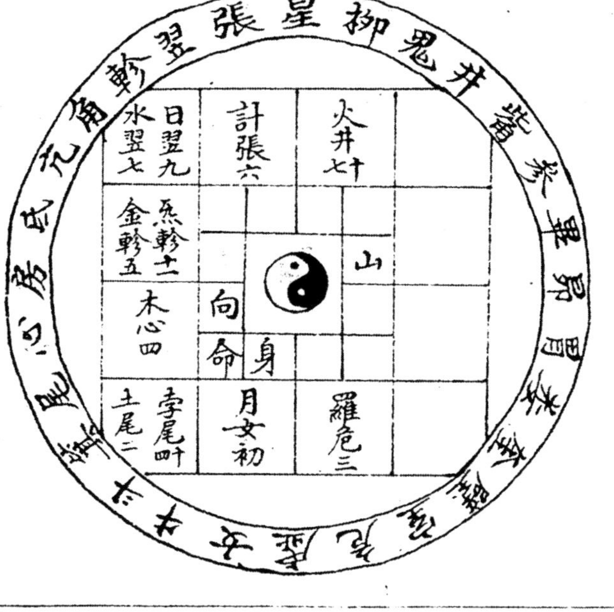

右星圖、寅宮立命、論宮命主屬木、格取孛羅夾月、水火照月、日月拱山、雙恩交蔭日月、秋分平氣、水火羅孛兼作用星。

為上○得土為次○若金水相生○無火羅温助○則金寒水冷○凍結而不能流通○故曰身當旺令不須恩而用曜作根原○亦可洞然明白矣○若陰陽平令○春秋兩分前後○亦必恩用兼收○獨一恩星○終難發達○至於身主正在衰時○能得用星拱照闊照輔照夾照○其力量亦與旺令相等○以恩為用○如陽令用水孛○而命主是木○陰令用火羅○而命主是土○以難為用○如陽

癸卯
甲子
丙子
庚寅

蔣公葬丹陽張封翁係康熙二年十二月十二日未時葬張長君範我明日十三寅時時太陰尚在戌宮胃初度又為貢氏遷葬格同

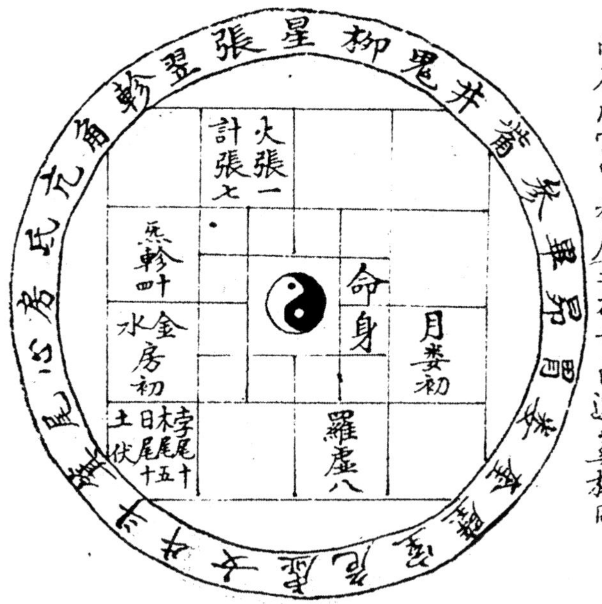

右未時辰宮立命、寅時酉宮立命、論宮、命主金星、格取日月拱火計、火土計拱月、火羅侍宮

令用水孛而命主是火陰令用火羅而命主是金以恩為忌如命主土以火羅為恩而值陽令命主木以水孛為恩而值陰令以難為忌如命主金以火羅為難而又值陽令命主火以水孛為難而又值陰令以恩為忌有制亦佳以難為用遇化猶妙是在學者之舉一反三矣

日月隨命宮所屬如立命子宮屬土不問日月泊於何宮亦隨之而屬土立命

癸卯　乙丑　己未　乙丑

蔣公為靖江陳星熚遷葬祖墓係康熙二年十二月二十六日丑時水本卯方入口向北至艮方轉回西南貼水頭立穴墓在西鄉永興圖七家村北秦家市南

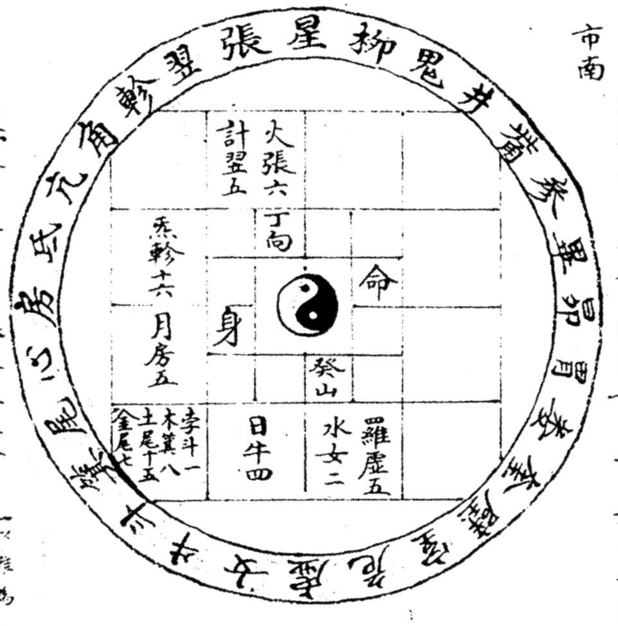

右酉宮立命論宮命主屬金格取太陰照命火羅拱（以難為用）侍命垣

寅宮屬木不管日月泊於何宮亦隨之而屬木故取恩星拱照即命主之恩星非另有恩星也上章言日月隨命分五行於此盡洩

本宮端的管初年宮若不純須舍旃必取宮身俱妙合長安花滿任揚鞭

右第十一章論宮星並重之法　本宮者安命之宮也星家命宮原屬童限故管初年上章備言身主恩用之重恐學

蔣公為陳星煒葬母係康熙三年正月初十巳時辰宮五命論宮金為命主格取日月拱命主計輔命羅睺捧日熒惑貫陽雙恩遶護日月注土對照月計對照日

故曰雙恩遶護

韓御黃曰右四日期係蔣公親筆所書余得於江陰南閘唐彙中家并造命約言天星擇日二篇彙中之祖蔣公至交也常主其家故真跡猶存焉

家秘本

者專重身而畧於命故曰宮若不純須合旃凡擇日將十一曜布定先看日月二曜躔得何如有無用曜拱夾身主定矣然後分晝夜辨陰陽推遲留考伏逆命安那一宮盡善盡美方定得一時蓋安命之法其權在時也宮身妙合謂宮辰星體俱得恩用之助按星宗有看三主之論有命宮之主有命度之主前章云深則論宮淺論度最為的當身主或以

甲子
癸酉
壬子
乙巳

乾隆甲子年樂山自造巳巽向房屋二進擇八月初八日巳時竪柱亥時上梁　是月十八日丑時秋分

主山存舊不動作造向兼修方論

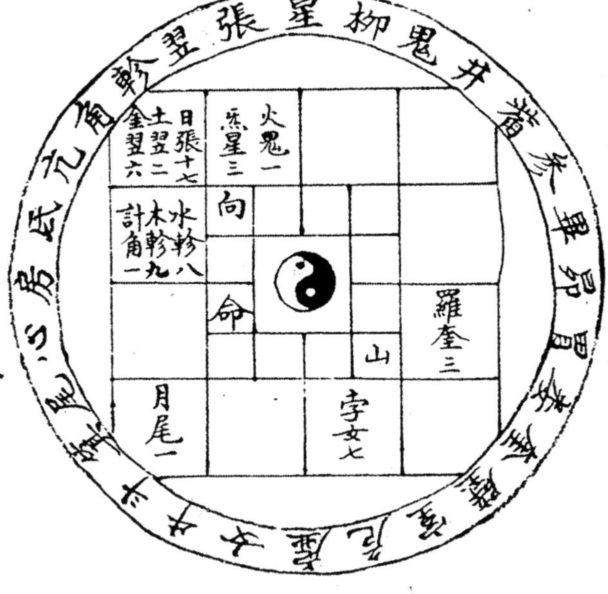

命安卯宮氐八度論宮火為命主

日或以月其躔宮躔度㒺用拱夾與命宮一例純粹方妙

就中暗曜最難知空地翻同實地司寅戌兩星光在午丑亥二曜子中依

右第十二章論暗曜變格　此章言拱夾之星最關禍福實為難知如午宮無星寅戌兩宮有好星其光能射午地命安午宮即是三方拱命或日或月在午宮即是三方拱身如子宮無星丑亥兩

甲子
癸酉
壬子
辛亥

命安酉宮胃六度論宮金主

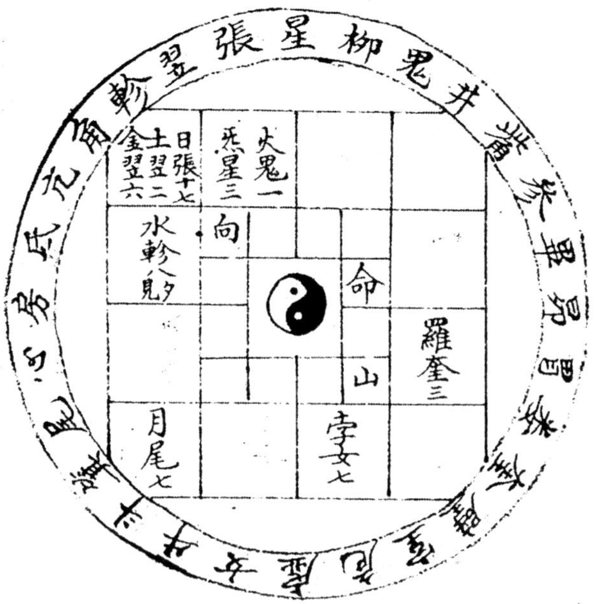

家秘本

宮有好星。其光能夾注於子地。命安子宮。即是左右夾命。或日或月在子宮。即是左右兩宮夾身。好星非他。恩用是也。無星為空地。遇拱夾則同於實地矣。歌日暗曜何嘗暗。夾拱最關情。猶人住宅處。親隣俱好人。

更有橫天交氣法。寅申有曜亥宮恩。巳丑卯宮亥未酉。短長多寡度中移。

右第十三章論橫天交氣法。而姑借亥

甲子
癸酉
庚申
丙子

是月十六日又造前二進子時竪柱卯時上梁
子時命安申宮觜七度論度火主

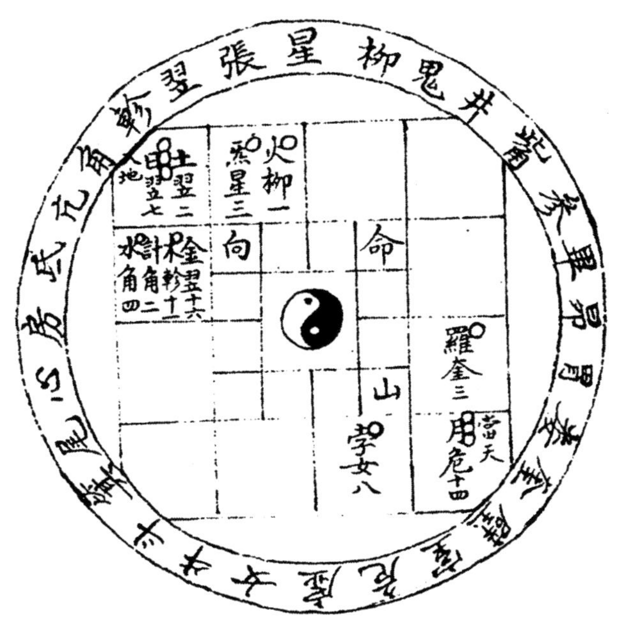

卯酉三宮為例。 橫天交氣。如亥宮為命垣。寅申兩宮或恩或用。或日月分居。俱隔三宮。貫注為當天入地。訣自本宮數至左第四宮為當天。右第四宮為入地。蓋天運左旋。七政右轉。命運向左。星辰在前向右。漸漸湊合。故曰當天。命運向左。星辰在後向右漸漸相離。故曰入地。又如卯宮為命垣。丑巳兩宮有恩用。酉宮為命垣。亥未兩宮有日月。俱隔一

甲子
癸酉
庚申
己卯

十六日卯時上梁命安巳宮翌七度論度火為
主星

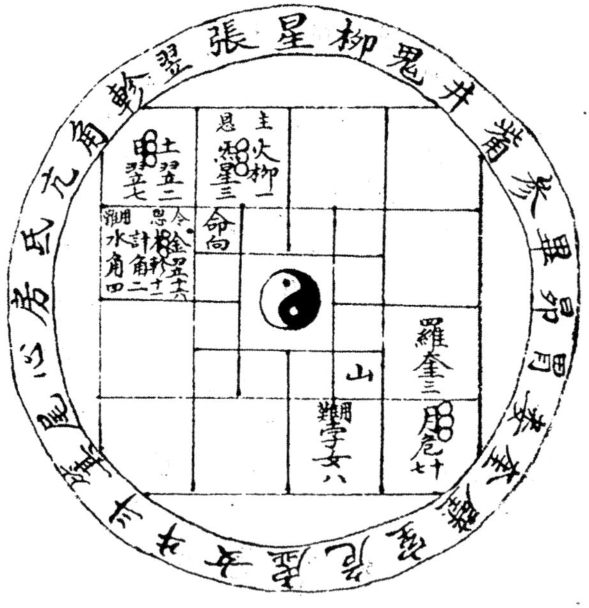

以上初八十六兩日俱靖江羊卧雲擇

宮貫注為遙夾訣。以本宮左右第三宮為例。短長多寡。猶云力之強弱情之厚薄。強弱因其度之生尅。厚薄隨其度之遠近。故曰度中移。

果老星宗此的傳。星書卷卷失真詮。諸般格局皆虛假。升殿入垣莫掛牽。

右第十四章辨星書諸格之謬。果老星宗備言七政四餘。此的傳。指以上諸論。其他升殿入垣與諸般格局雖屬有

家秘本

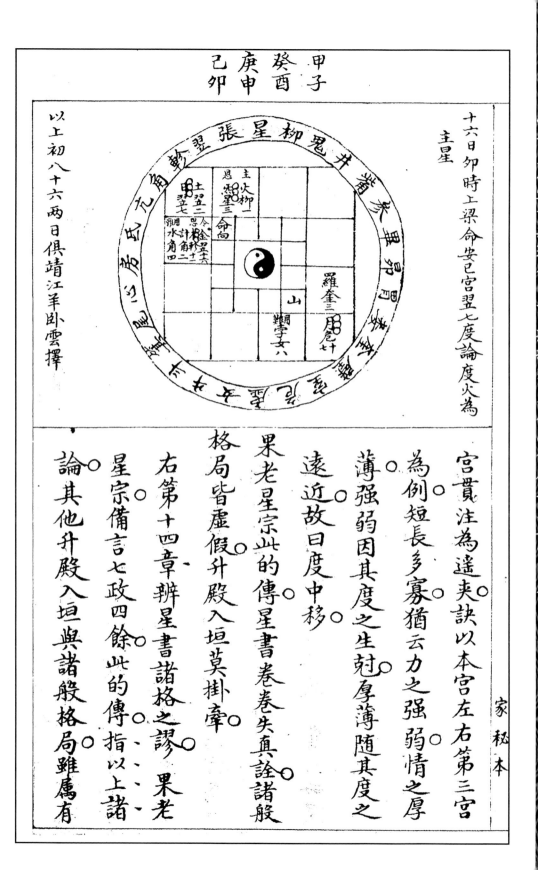

丙寅　辛卯　戊午　戊午

後覺子為百曲陳氏葬乾山巽向時乾隆十一年二月二十二日午時命安寅宮論宮木主

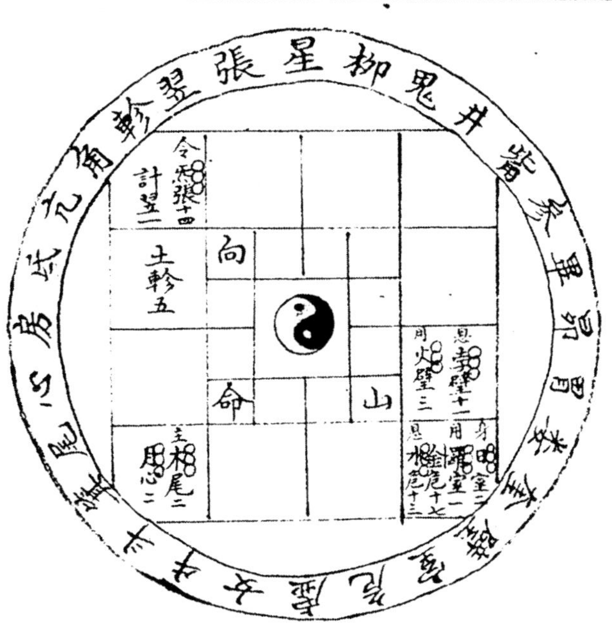

困要非所重。造命者不必掛牽。但求恩用有情。拱夾得地可矣。

月逢晦朔皆為福。何必蟾光三五圓。但忌陰陽當薄蝕。七日之內弗爭先。太白晝現經天日。難忌洪災恩大權。

右第十五章論晦朔薄蝕經天宜忌。

月借日光。光非本體。其福力不以晦朔弦望分優劣。惟陰陽當薄蝕之期。前三日後三日與本日並忌選用。過此以往。

丁卯
癸卯
丙辰
丁酉

乾隆丁卯正月廿六酉時後覺子自厝丙亡內
亥山巳向論宮木主
是日卯時驚蟄

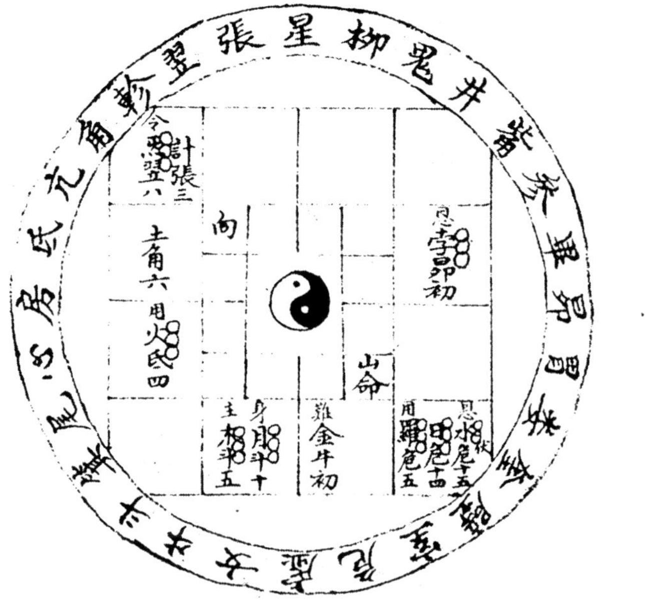

家秘本

皆為福也○若太白金星晝現經天是難
星忌星○為災更大○是恩星用星○為福必
厚○日月蝕與太白經天俱在七政厤上○
勿忽過○
日魂月魄命之根五德五星應五倫掌握
乾坤惟此理○璿璣經緯治斯民○劉公昔日
佐真主○建國行軍掃大荒○無奈厤官多失
學○增添宜忌漫平章○天元秘旨今朝啟○傳
與羲和佐聖唐○

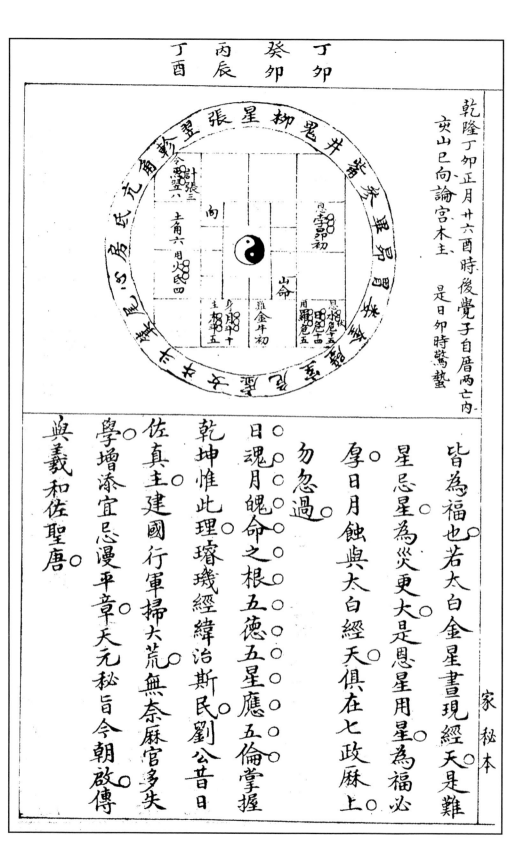

癸酉
乙卯
丁未
丁未

乾隆癸酉二月二十一日未時為吳氏扦午山子向是
月十六日酉時春分太陽入戌宮命坐子宮牛三
度論度金主

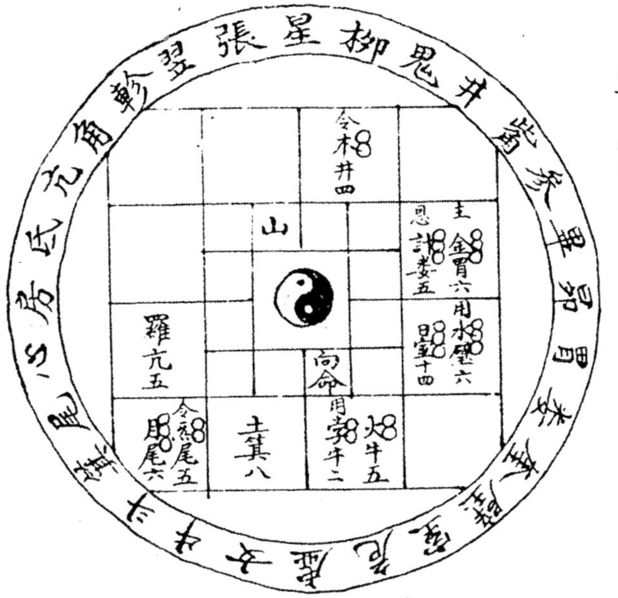

右第十六章推原造命之法○本於天官
麻法有大作用○魂魄即陰陽之別名○
無論生命復命皆根柢於日月而五星
無所不統○亦與人相應○造命者並取裁
焉○虞書云在璿璣玉衡以齊七政可見
掌握乾坤惟有此理○自麻官失學為宜
為忌○一一增添○而究無當於聖王左右
斯民趨吉避凶之意○然則天元第五歌○
發聾瞽○以示來茲○厥功偉矣○

癸酉　丙辰　辛酉

乾隆癸酉三月初五日，時為喬氏曆酉山卯向，是月初一日子時清明、命坐酉宮、度論宮金主、

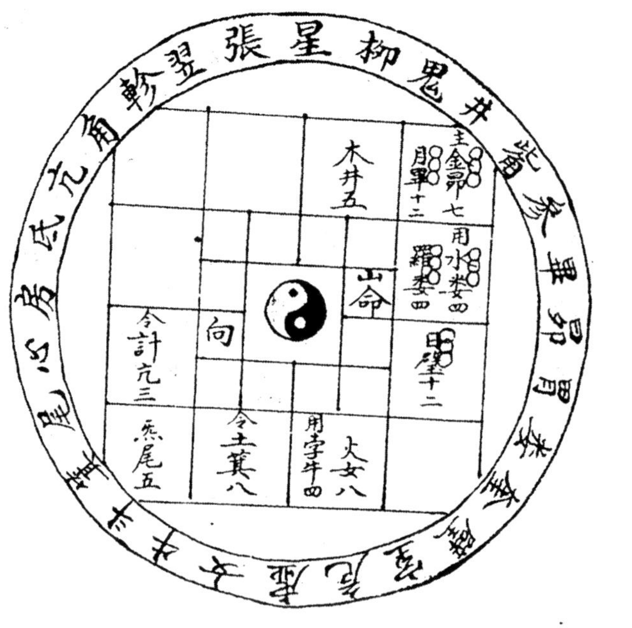

雲陽五曲號天元○雖是人為實至言○普頤智愚咸解悟○故將俚句廣流傳○一句一聯包數義○通之便是地行仙○書中奧旨須尋味○慎勿差訛累後賢○

右末章、總結五篇而致其告誡丁寧之意○

天元第五歌終

天星選擇秘旨

杜陵中陽子蔣平階大鴻氏著
靖江埜溪子朱源達星山氏註
海上云吾子汪宜耀士雲氏刪正

造命約言

乾坤定位。全憑日月照臨。
日月炳照中天。為天地之主宰。
山水鍾靈。盡是五行運用。
五行運行大地。掌氣數之權衡。

葬乘生氣須步慶星○

生氣合元運之氣也○慶星吉星也○言葬地雖得生氣○必上步天星與地局合符○方有速驗○

訣在良時惟求知命○

天元歌云、造命玄機時作主○然非知命不能擇時○故星學不可以不講也○

十一星辰○星辰有忌有用○

日月木火土金水炁孛羅計共十一星○

二曜五行

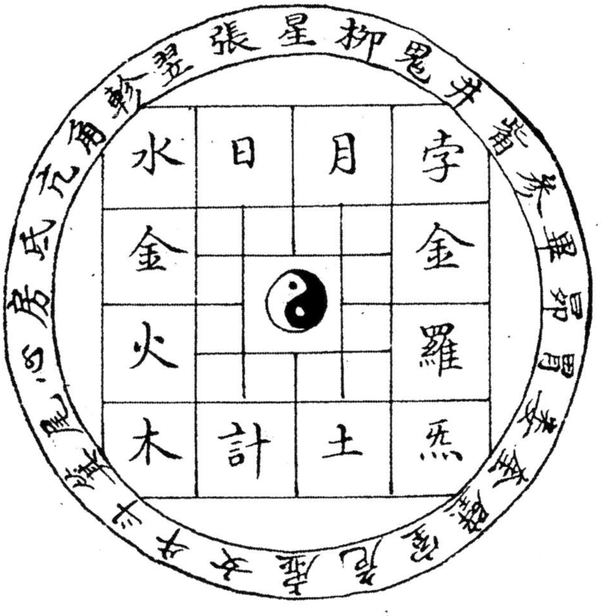

失令之星為忌○得令之星為用○詳上卷○

三八氣候○氣候有旺有衰○

一歲分為四時○四時分為十二月○十二月分為二十四氣○即四時可以斷五行之衰旺○三八氣候特備言之耳○

細辨消息盈虛勿雜朝拱變化○

上句承衰旺言○下句承忌用言○細辨旺令以乘山氣○勿雜忌星以扶山運○

二曜五行禍福發於雷應○

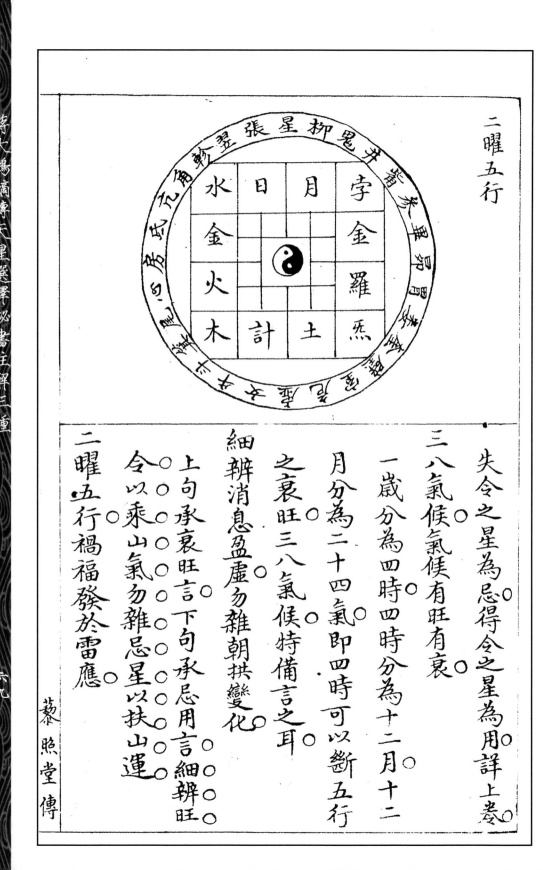

家秘本

三方四正

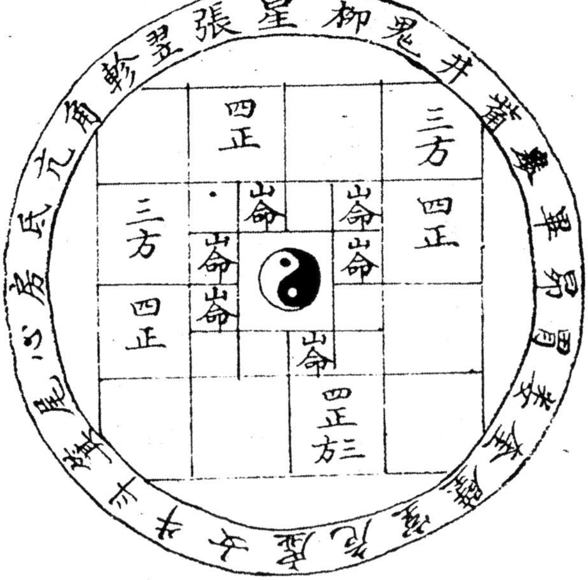

二曜即日月○五行即五星○掌人間之禍○福如雷應○耳○

三方四正吉凶切以神交○

三方申子辰亥卯未寅午戌巳酉丑四正子午卯酉辰戌丑未寅申巳亥拱關命宮坐山之吉凶○如神交感○

天官縱聚財官豈若用神得地地支徒堆祿馬莫如恩曜司權

如甲命以己為合財○以辛為正官之類○

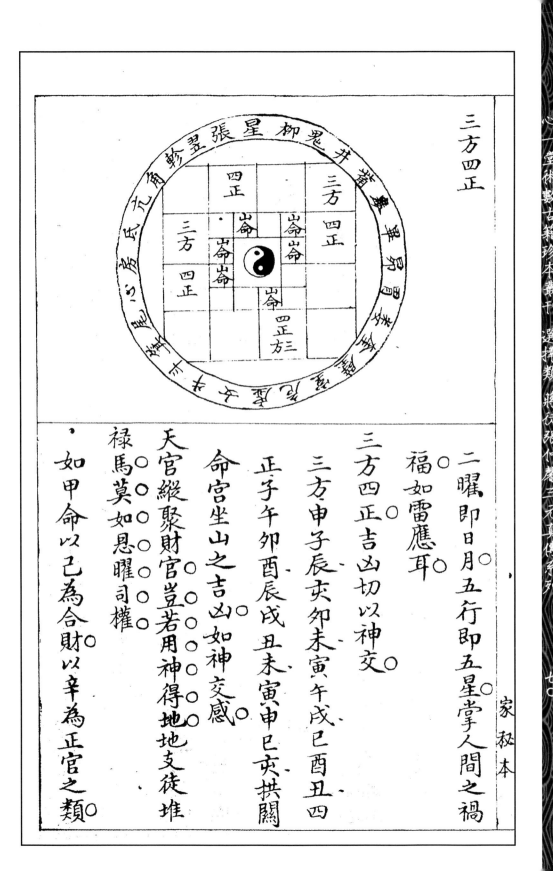

乃子平法也○如子命癸為祿寅為馬之類亦子平之法○用神乃得令之星即陽令金水孛○陰令羅與火○得地即得三方四正之地也○恩曜生命主之星也○司權或當令作用○或守向守山守命也○

群星守照多端○合格為上○

諸星守照命宮坐山○必恩用合格為上○

一曜持衡滿○用得拱為先○

一曜即一星也○或為命主○或為用星○必

家秘本

與命宮坐山拱照為妙○

日為身月為身當分晝夜

日出地上謂之晝日入地下謂之夜以卯酉為限卯後六時以日為身酉後六時以月為身造重日葬重月

宮為主度為主須別淺深

即上卷所云深則論宮淺論度也凡命躔兩邊各六度受氣淺以度之所屬為命主若命躔中十八度受氣深以宮之

四神環衛宮垣

所屬為命主○

水火二星○應辨陰陽之異用○

陽令以水為用○陰令以火為用○詳上卷○

孛羅兩曜○當兼節氣○之平分○

孛但宜夏○羅但宜冬○惟春秋二分○為其所兼○

四神環衛宮垣○福何有量○

謂炁孛羅計○環衛命宮命主○

七政拱朝命度○貴不可言○

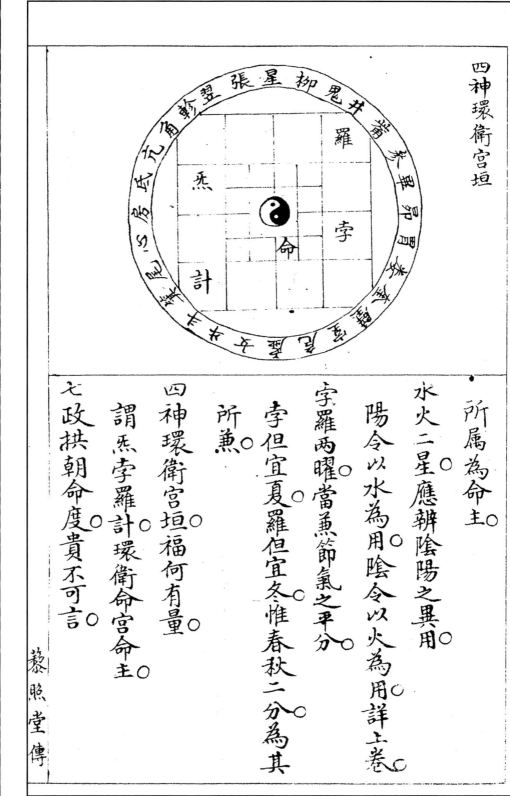

七政拱朝命度

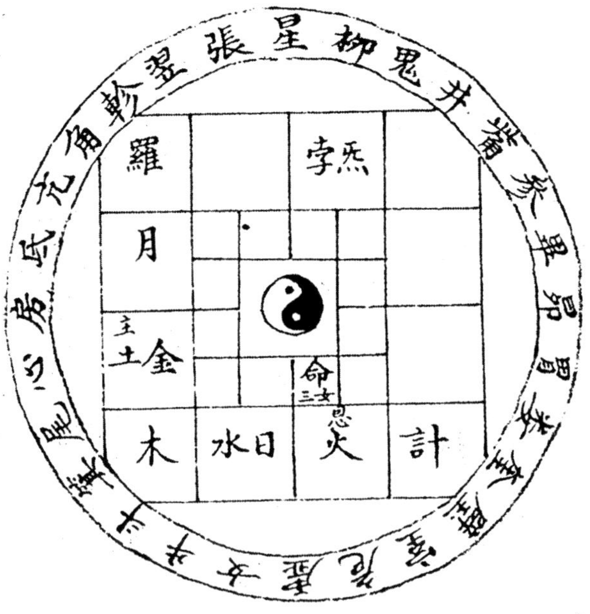

謂日月五星○拱朝命宮命度○前朱雀○後玄武○莫教難忌之侵臨○左青龍○右白虎○當查經緯之拱夾○

如安命亥宮○火為南方朱雀○在前戌宮○水為北方玄武○在後子宮○木為東方青龍○居斗度○金為西方白虎○居昴度為經緯夾拱上格○水火木金緯也○子於方位為水○戌於星宮為火○昴宿在酉於星宮方位為經○斗於宿度為木○皆經也○

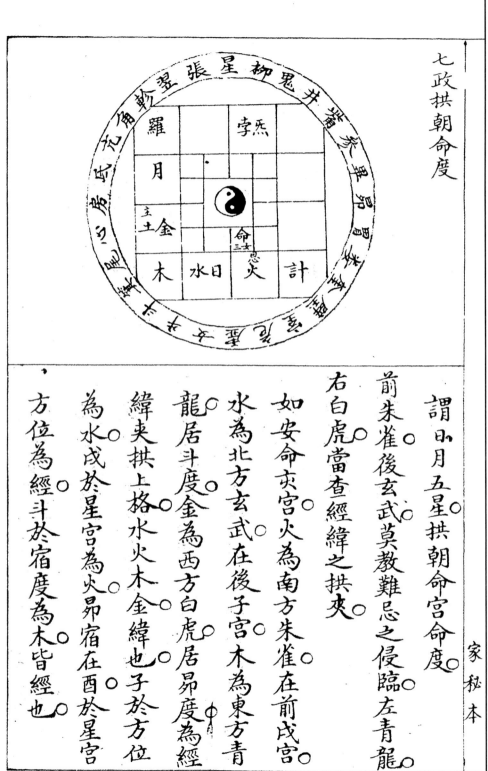

前後左右拱夾

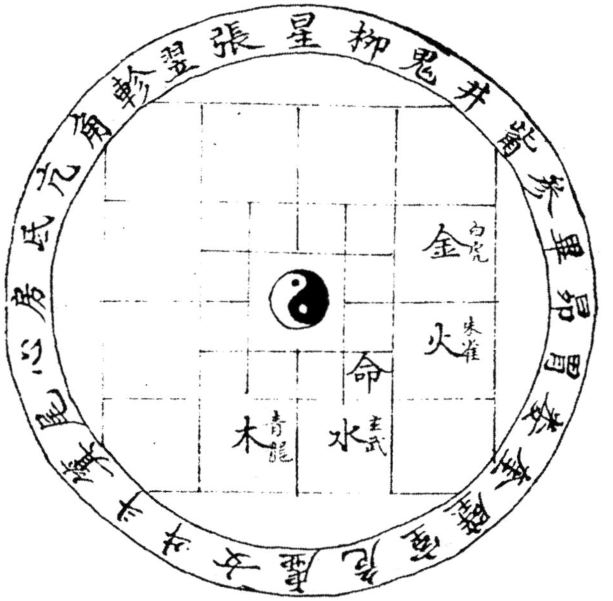

時行宮日行度二太陽神奇莫測

太陽麗天左旋一時行一宮躔度右旋一日行一度詳見上卷

天翻地實翻虛兩星盤顛倒難窺

天翻地謂星以宮界天即為地也實翻虛謂宮以時移實又為虛也是為兩星盤

五星聚穴還觀伏現遲留

五星聚穴言聚於穴之左右前後也五

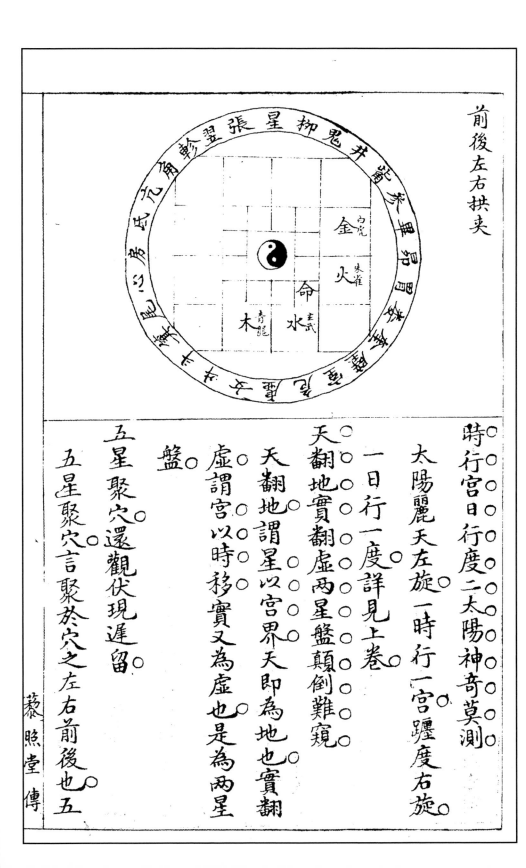

五星聚穴

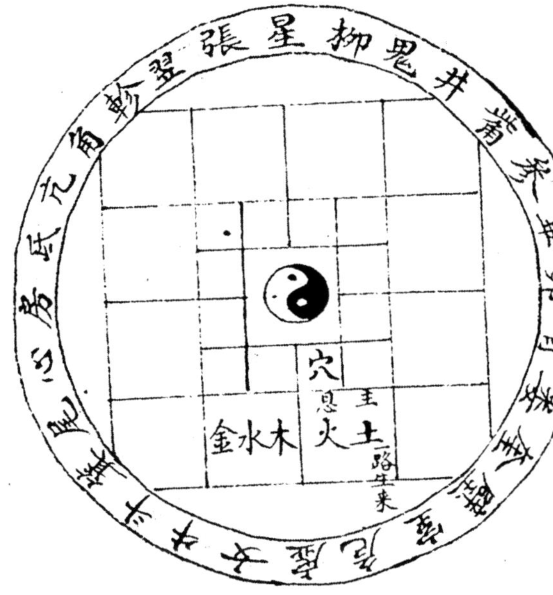

星近太陽則遲○三方見太陽則留○與太陽同行則伏○遠太陽則現○凡命主用星○必取光現之星為吉○經云順則優游○逆則退縮○留則拘係抑欝○伏則韜晦無光○皆不足取也○上卷已詳○今又反覆言之○

衆曜趨山○更察親疎向背○

趨山○趨坐山也○凡恩用之星○拱闕輔夾○曰親○反是曰疎○在前曰向○在後曰背○向者力大○背者力小○日月羅計○論度之前

家秘本

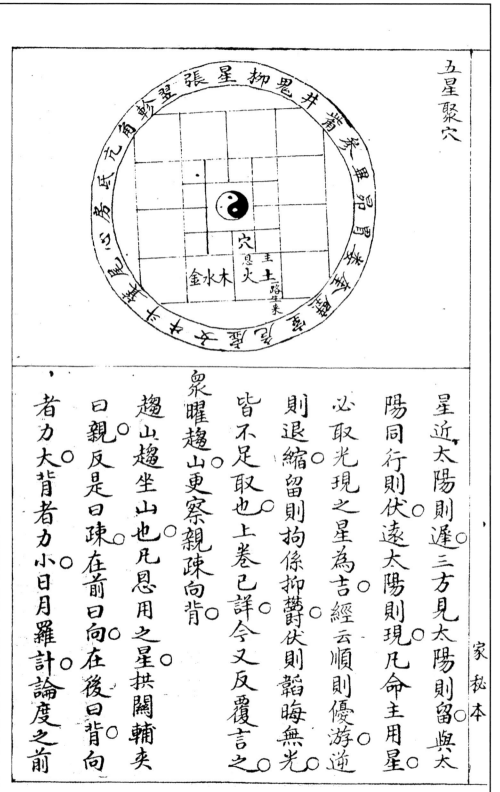

衆曜趨山

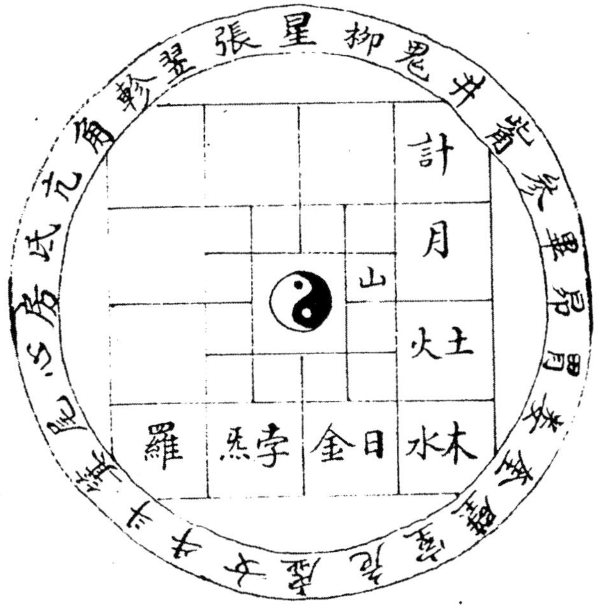

後○五星炁孛論宮之前後○

送死○養生○命有陰陽之別○

陽謂卯陰謂酉凡修造以本時加太陽

順數○遇卯安命○葬以本時加太陽順數○

遇酉安命陽事宜陽陰事宜陰法詳上

卷○

開塋構室○宮隨身命之分○

宮謂三方四正○古法從太陽安命○從太

陰安身○此○即○以○身○命○代○日○月○字○造○以○日○

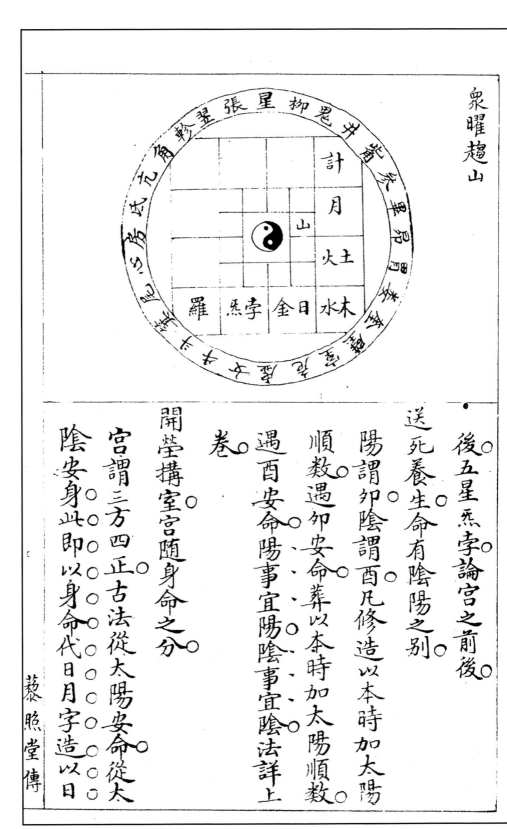

命星守向

陽令水孛　陰令火羅

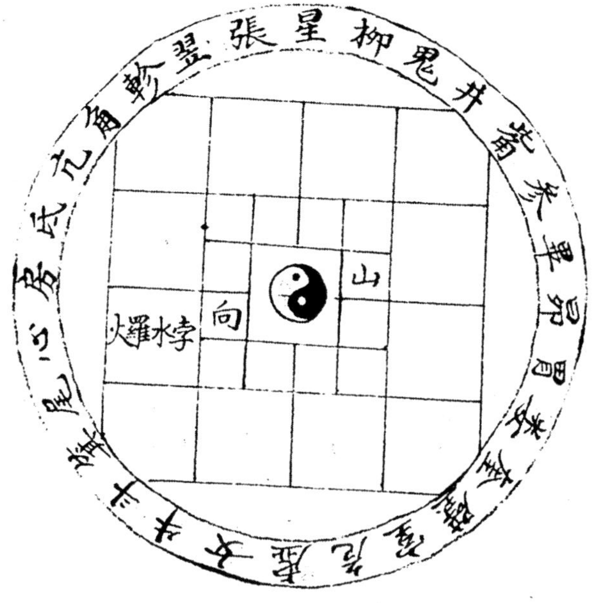

為主葬以月為主

命星守向諸煞無權（命星命字宜是令字）

命星即太陽君象也守向大吉

身象當天一人有慶

卯後六時以日為身主酉後六時以月為身主當天即守向非入地當天之謂

恩星騎入首之龍庭誇荀淑

入首之龍必生我之龍也又得生我之恩星騎於此宮則為多子大貴之兆荀

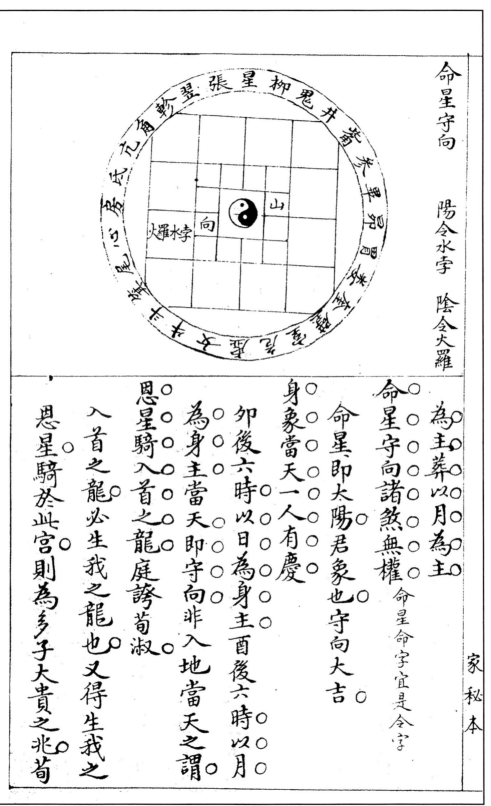

身象當天

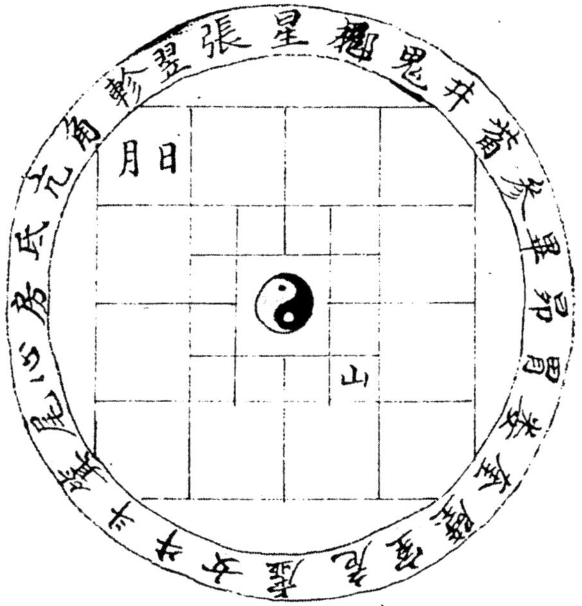

晝日、夜月、

淑八子、儉鯤靖壽注肅奭敷縣令著其里為高陽里

用曜據貼身之水室羨陶朱貼身之水必為我得用之水又得當令之用星據於此宮則為大富之地范蠡字少伯相越滅吳適齊為陶朱公父子治產至數千萬

水口合令星一對福力綿綿

水口乃穴中所取貼身之水入口處也

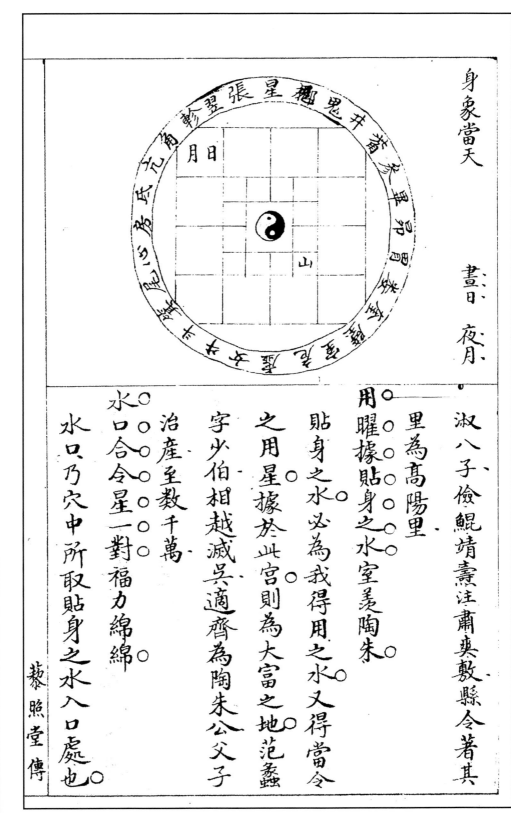

忌星騎入首之龍

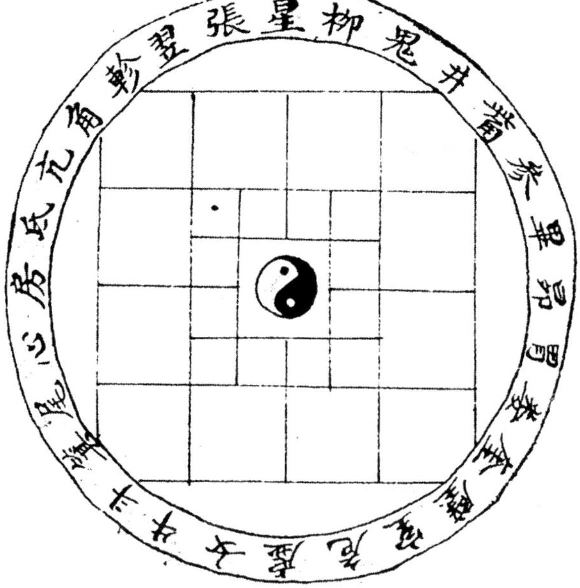

家秘本

青囊序云水對三义細認踪注三义後城門即此水口令星貴雙收或夾或輔或關拱皆成對之象星盤符地局三元英才濟濟天星布位合得地局即上文聚穴趨山守向當天騎入首據貼身合水口之類此更明指元運乃選擇秘中之秘學者詳之

身行難度恐見刑傷命坐忌宮終防天折

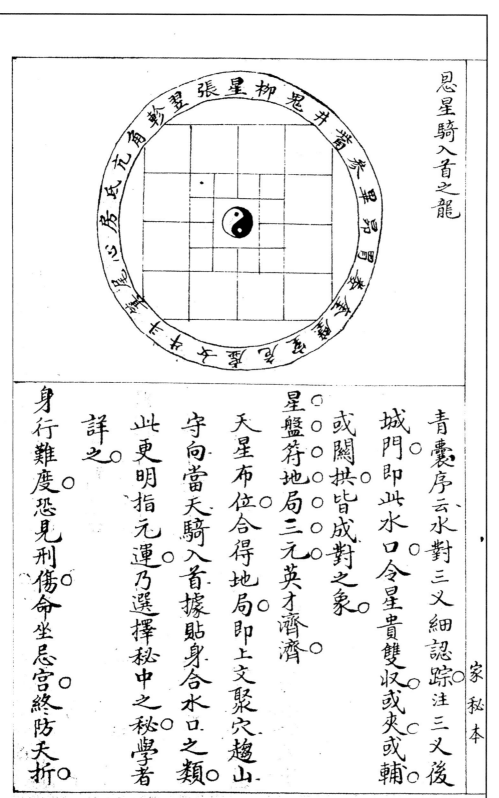

用曜據貼身之水

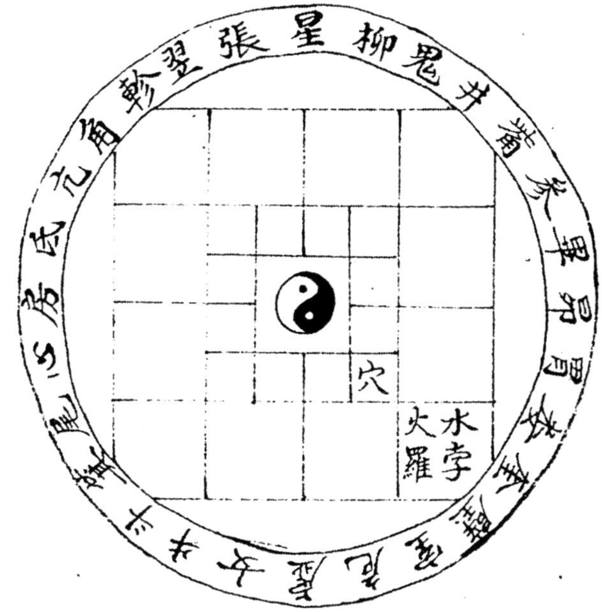

陽令水孛
陰令火羅

土命日行四木度○水命月行四土度○陽令命坐卯戌二宮○陰令命坐巳申二宮○皆非吉兆○若有制化夾輔○則不妨○

冬令孛奴犯主○愛色亡家○

四餘為五星之奴○孛在冬為忌星○若犯命身二主○必致愛女色而亡家○

夏令羅火當天○圖名破產○

羅在夏為忌星○若在命宮○又是當天○必致圖虛名而破產○

木炁衰殘無助○徒守芸牕○

木炁二星○性本仁慈○若金令衰殘無助而作命主○空讀詩書而已○芸香草能辟蠹

計羅燥濕非時○空爭蝸角○

戌命屬羅○丑命屬計○陽令宜居水宮○陰令宜居火宮○反是則為非時也○蝸即今之田螺有角而不能觸乃虛名耳

若侵四季鎮星○瘟災自染○倘犯三秋太白○

盜患頻來○

土為鎮星○金為太白星○即下卷當令土金莫犯註已備詳○

身主當薄蝕之期○災纏訟獄○金象值經天之候○禍起刀兵○

日月為身○當薄蝕之期則不吉○金象經天○恩則吉○難則凶○

蓋日月隨命垣之氣化○

此一句即天元歌日月隨命分五行也○

家秘本

日月、隨命宮之恩用為恩用。關係最切。
斯拱夾效列宿之神工。
五星臨宮。宜躔受生度上。不宜躔尅洩
度上。
故禍福悉出天星。而趨避全憑造命。
二句總結上文。歸重本旨。盆証諸家尅
擇之謬。上卷猶有秘而未洩之旨。此則
反覆丁寧。無復餘義矣。

造命約言 終

天星選擇秘旨

靖江楚溪朱氏原注
海上云吾汪氏刪正

天星擇日篇

環陽子著

竊聞地德上載○天光下臨○二氣冲和○萬靈毓秀○

萬靈猶云萬姓○

興亡治亂○本氣數之循環○

氣數循環○既有一定○人力何能為○

壽夭窮通。實五行之變化。五行變化。指地理與天星。此則人事所當自盡也。

元運未來。難發山川之秀。元運即上中下三元之運。天星雖吉。非合元之地局。無以配之。星辰既得。易顯化育之功。辰即天之十二次舍。星之垣也。地局既善。必合格之天星。方可乘之。

穴吉葬凶。佳壤未能速效。

凶謂日時。

時良日利。頑山亦暫安康。

但能無煞。即謂之頑。借頑山以明日時

之重。

須知擇日固重干支。

干即甲乙丙丁戊己庚辛壬癸。甲乙屬

木。丙丁屬火。戊己屬土。庚辛屬金。壬癸

屬水。支即子丑寅卯辰巳午未申酉戌

亥○亥子屬水○寅卯屬木○巳午屬火○申酉
屬金○辰戌丑未屬土○山之孤虛旺○相隨
乎月令○而以日輔之○
當信選時尤資星象○
星即日月木火土金水炁孛羅計○日為
火之精○月為水之精○木主慈○火主溫○土
主厚○金主肅○水主潤○炁為木之餘○孛為
水之餘○羅為火之餘○計為土之餘○以時
安命○全賴十一曜為恩用○拱闕輔○夾星

家秘本

象可不重乎○

自異端橫起○習染已深○邪說流行○賢愚共
囿○

宋吳景鸞表奏真宗曰、古之國史○如梓
慎裨竈輩○洞明理氣○漢之諸儒○雜以讖
緯○附會穿鑿○東晉郭景純葬書○獨以
理氣推明○而亦未言其所以然之故○及
其歿而遂失其傳○唐高宗永徽中○河東
聞喜縣卯延翰○因神人授以正經○洞曉

陰陽○開元中○玄宗召延翰至闕○下錄之
以官○取其師授理氣心印三卷○藏之內
府○又患民間有明其術者○於是詔一行
禪師偽造銅函經以亂其真○悉皆倒裝
生旺○反用休囚○嗣是一百餘年○不復知
有正經矣○僖宗沒○黃巢犯闕○贑水楊益○
曾求己○竊延翰書以還江左○而楊曾之
名始著○李司空節制江南○首辟求己為
從事○恐國家聞之○必陷延翰之禍○復撰

偽書一卷。厥後詩歌競出。泛濫支離。不復知所歸矣。唐宋已然。何況今日。幸我大鴻蔣祖師。受道異人。復闡楊曾之教。於是三元轉運。天星選擇。不絕如線。嗚呼。我安得盡洗世人之肺腸而為之授受也哉。

裨竈剛柔論。舉世不知。

裨竈。鄭國史官。春秋時掌天文者。剛柔即陰陽。其論未詳。大約陽令用陰。陰令用陽。取剛柔相濟之義也。

楊公烏兔經。盡人莫辨。

楊公名益、字筠松、號救貧、烏兔經即天元歌所云渾天寶照候天星者也。

夫後裔亢宗。歸功於地利。

子孫之壽夭窮通。全係乎祖父墳墓之吉凶。所不待言。

亡人復命。取效於天時。

必亡人葬下安妥。方能降福子孫而安

與不安天時之為效最速。故造命慎之。時日禎祥。朝封夕熾。星辰乖謬。旦穴暮悲。朝封棺而夕獲福。旦下穴而暮生悲。甚言其速也。

蓋日月為乾坤主宰。五行實造化神樞。星昭生殺之神。象列宮垣之數。五星四餘。掌生殺之令。天象圓轉。列二十八宿。分十二宮。及三百六十五度。五行隨垣而定。八神依數而分。

此節承上文宮垣而言。明其與地盤相合也。十二宮以六合分五行。八神即八卦。天之十二宮。圓象也。地之八卦。方象也。以方準圓。自無參差之數。

但有一曜之生。自有一星之殺。必收生而去煞。始鬼避而神迎。

收生則迎神。出煞則鬼避。地理之收生出殺。在零正二神。選擇之收生出殺在用忌二星。

彗入中天先看經星之深淺。
彗星即孛星。經星即二十八宿也。其度数有淺有深。
計横地面復觀日月之盈虛。
羅計二星與日月同道同度則蝕。一云羅計在寅卯辰巳午陽宫則不蝕。不蝕稍可。羅計二星隐而不現。今西洋厤宫
用千里鏡方察其影。
羸縮遲留當加詳審。

家秘本

贏者趨前。縮者退後。遲者緩行。留者不行。

侵犯伏現。須用深求。

直觸曰犯。稍逼曰侵。遇日則伏。遠日則現。

得失憂虞。考衆星之入地。

自本宮向右數。第四宮有星為入地。吉星入地則吉。凶星入地則凶。

吉凶晦吝。究諸曜之當天。

自本宮向左数第四宮有星為當天吉星當天則吉凶星當天則凶

異度同宮灾祥無涉異宮同度禍福攸關

異度同宮非盡輕也生我尅我者在前則灾祥無涉矣異宮同度非盡重也生我尅我者在後則禍福攸關矣然此節尤當以上卷深論宮淺論度叅之

水火福澤之基宜分冬夏（此二句是蔣公真傳）

水火二星掌人之禍福為陰陽二令之

二節亦是附會之辭

用神○冬以火為用○夏以水為用○

木炁壽元之主、不論春秋、二句是俗說不是蔣公真傳

炁乃木之餘○木炁二星○性最仁慈○主人之壽元○不分四時俱可、

歲星所在為禎、對冲則反為咎、

木星十二年一周天○與太歲相應○故名歲星○所在之宮吉、所冲之宮凶、

太白出東為德、西現則轉為刑、

太白金星也○輔日而行○日前星後○則晨

水輔陽光

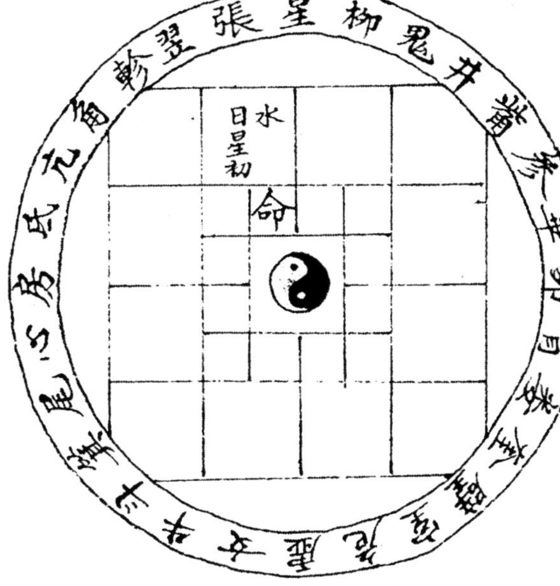

陽令卯後吉

現於東。星前日後。則夕現於西。凡金星為難。為忌。又處太陽之前。不可不察其西現之時而避之。

水輔陽光。冬令無立錐之土。

金水常在太陽之前後。相離不遠。此言輔陽乃同宮同度耳。冬令金水為忌星。故不吉。

火隨日影。夏時有回祿之憂。

夏令火為忌星。若與身命同宮。縱不同

家秘本

火隨日影

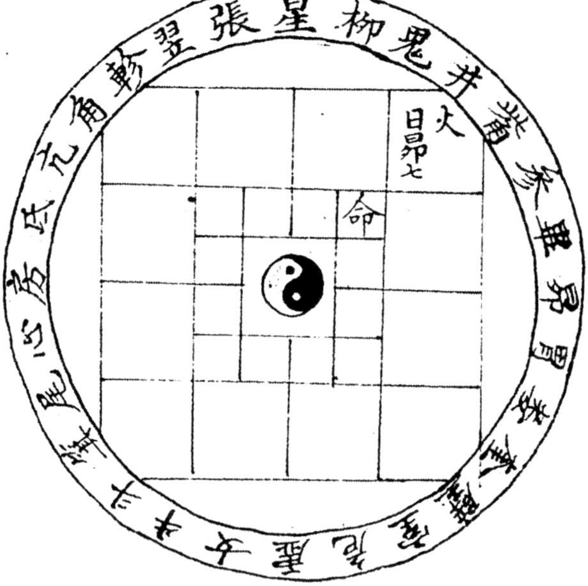

陰令夘後吉

度亦遭回祿〇

冬夏二至不同恩用原無專主寒暑兩時自異難忌別有真詮〇

冬寒宜火溫夏燥宜水潤與令相宜之星為用與用相反之星為忌生我之星為恩尅我之星為難〇

節氣平分須陰陽之互用春秋中序惟水火之雙清〇

春分秋分前七日後七日與本日共十

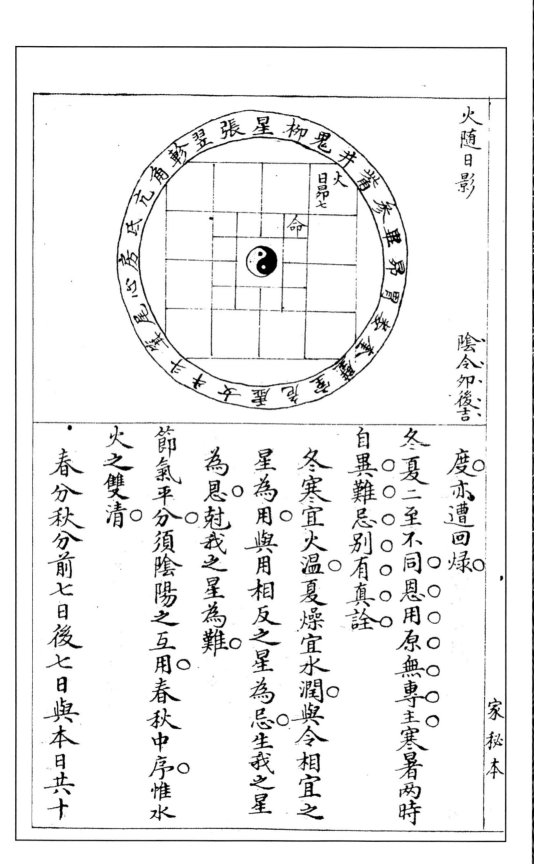

得真傳者
最忌薄蝕
若羅計同
宮而不至
薄蝕其吉
凶係於日
月所屬之
五行

天首亢陽

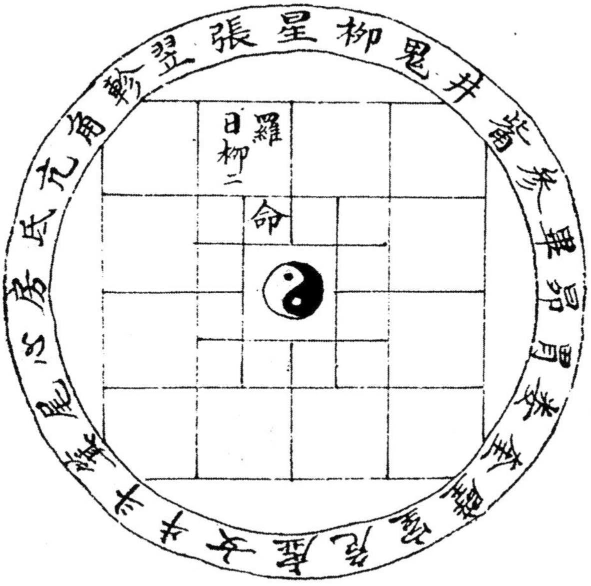

不論四時俱凶

五日〇乃一歲平氣之候〇用星可水火羅字兼收平氣陰陽用可兼〇已見上卷〇

天首亢陽童歲成孤〇此時日蝕偶逢會見〇烝嘗莫保〇

羅為天首星、

計星近月〇髫年失恃〇倘遇蟾光被掩〇佇着煢獨亡家〇

計為地尾星、

羅計與日月同宮〇主早喪父母〇若更同道同度〇適當掩蝕〇必至絕

此皆推測生命者之俗說也若未宮安命以計入為嫌

計星近月

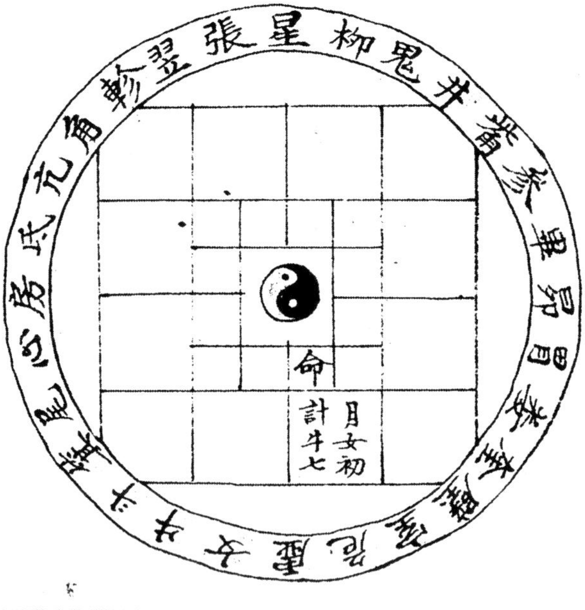

不分晝夜俱凶

嗣亡家

計入秦州徒抱凌霄之志

秦州未宮若計星在未而命安於此才學縱高亦不能顯達昔符堅使慕容垂北鎮叔翼曰垂勇力過人譬如養鷹飢則附人每聞風飈之起常有凌霄之志

孛躔東井頻來庚癸之呼

東井未宮宿孛至未宮化為吉曜井主養人而孛躔之命安於此必有濟人利

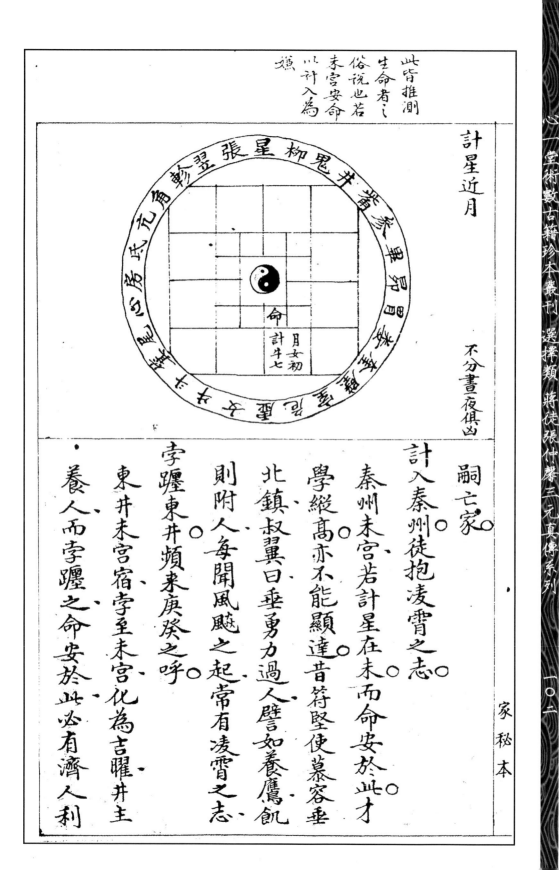

計入秦州

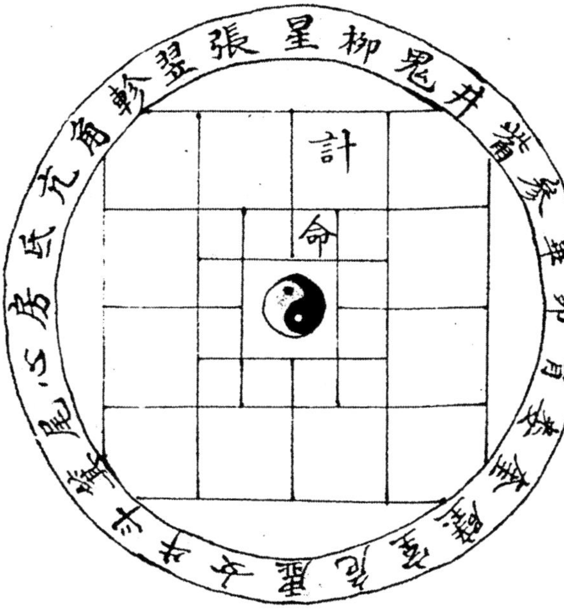

物之事昔吳申叔儀乞糧於魯公孫有山氏對曰粱則無矣麄則有之若登首山以呼曰庚癸乎則諾則軍中不得出糧故為隱秘之語

羅爍酉辰田園耗散○

羅乃火之餘○辰酉二宮屬金○若火尅金○而命安於此○雖富貴必至敗亡○

孛攻卯午○男女荒淫○

孛乃水之餘○卯屬火午屬太陽○亦火也○

藜照堂傳

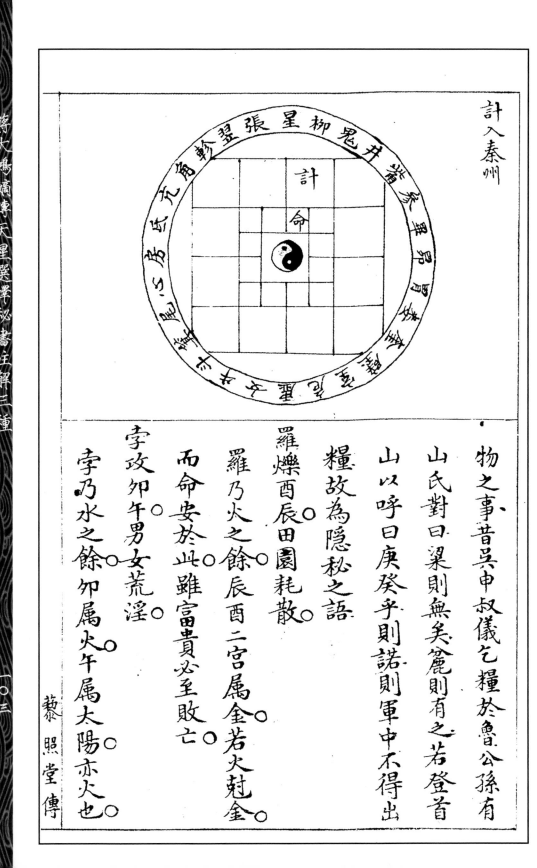

孛躔東井

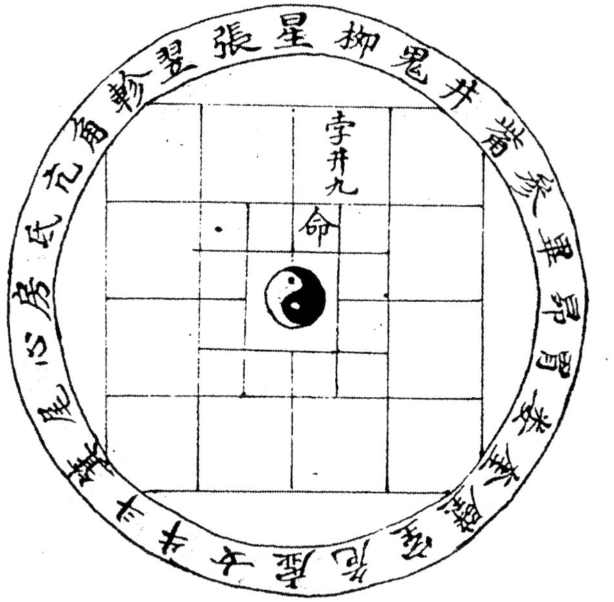

陽令更吉

若水尅火○而命安於此○必主不吉○廢興半在孛羅○豐嗇全憑水火○水孛為春分後當令之星○春分後擇日○宜此二星拱闕輔夾命宮或命主○火羅為秋分後當令之星○秋分後擇日○宜此二星拱闕輔夾命宮○或命主○初年富貴窮通○全在乎此○一云同宮大忌拱照無嫌○

以恩為忌○身彭祖而家范丹○

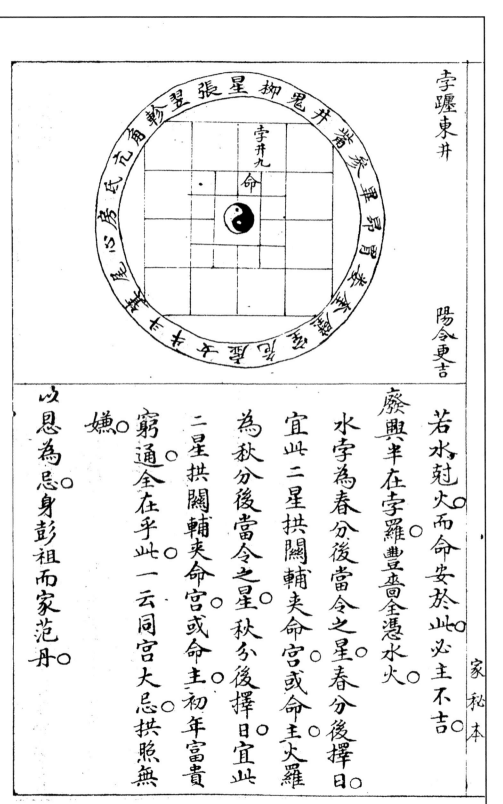

羅爍酉辰

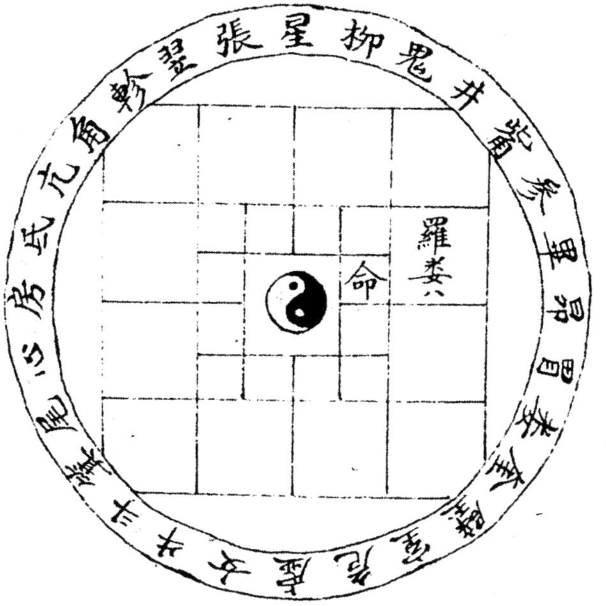

二令俱凶

本是生我之星○而為時令所忌○主身壽而家貧○彭祖壽八百歷三代喪四十九妻范丹字史雲為萊蕪令人歌曰甑中生塵范史雲釜中生魚范萊蕪

以用為仇○擅陶朱而嗟伯道○

本是當令之用星○又為尅我之仇星○主富而無子○范蠡字少伯相越滅吳適齊為陶朱公父子治產至数千萬鄧攸字伯道避亂去吳棄兒存姪後卒絕嗣時

孛攻卯午

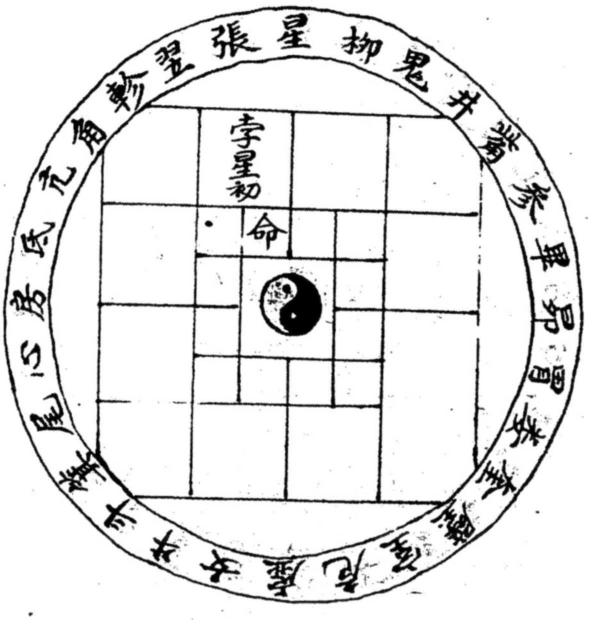

一本作倘再曜土星
災危更甚更妥

人哀之語曰天道無知使鄧伯道無兒

太乙與羅睺同度○初年不利○若旁流水曜○憂患方興○此惟火為命主者忌之

太乙孛星也○孛本妖星○為善則謂之太乙○若與羅星共躔一度○命安於此○初年大不利○使水星又流此宮○則三者皆不能為用○其禍愈長矣○

太陰與地尾同躔○立時見殃○倘再曜攙槍○災危更甚○此惟月為主星者忌之

家秘本

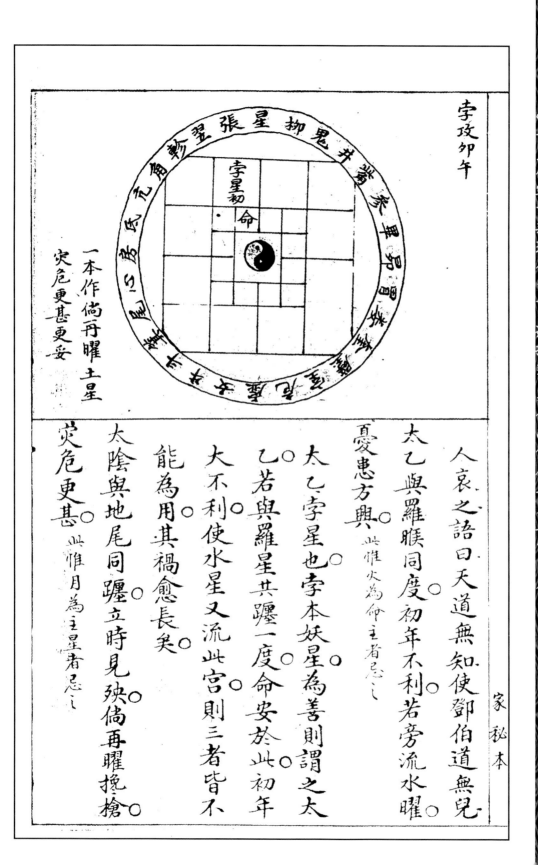

太乙與羅睺共度

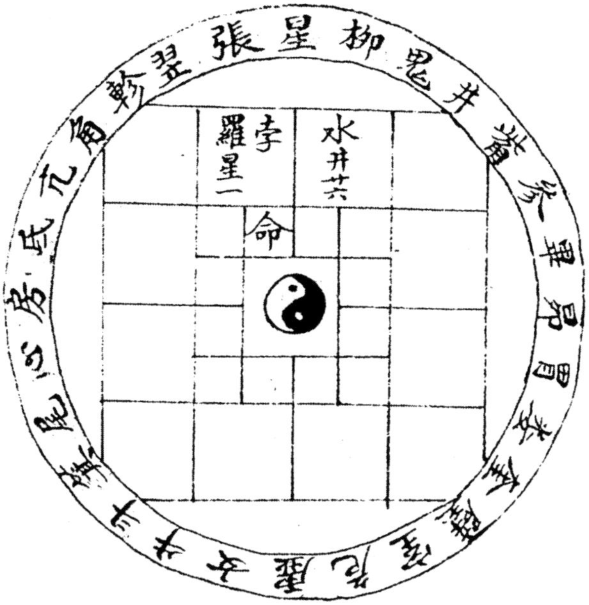

二令俱凶

地尾計都星也○太陰同躔則被掩蝕○挽槍亦孛星○再到其宮○不助月而助計○不吉甚矣○

星名日馬○木炁則日星間隔嗣續艱難○

星午宮宿星○應日○故名日馬○若木炁二星躔此度○則日星被其掩蔽○不能用事○

命宮安此○不吉○命度尤忌○

鬼號金羊○土計則金鬼泥淹身家顛沛○

鬼宿舊屬未宮○今屬午宮○鬼應金故號

亦是推測生命之說非造命所用

太陰與地尾同躔

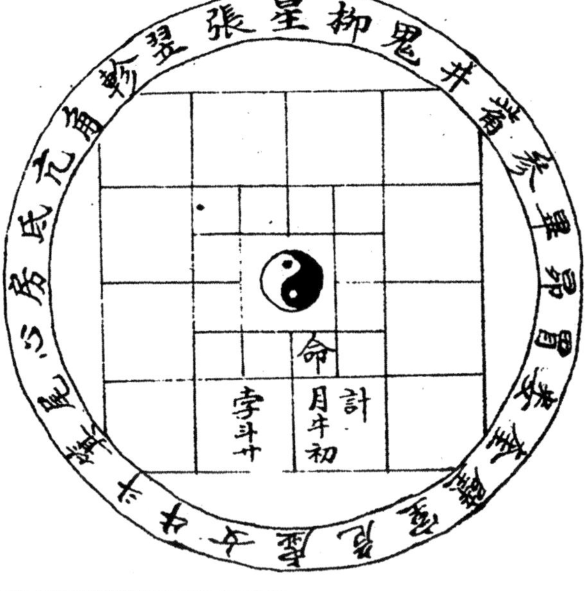

二令俱凶

家秘本

金羊若土計二星躔此度則為土重金埋之象命宮命度忌之或以金為命主亦不吉此節當與上節互推本是木生火土生金而餘奴犯之轉為不吉亦二母爭權之類也

劉蕡下第横遭中土之鋒

土名鎮星位中宮故曰中土劉蕡必是命安水宮而土来尅之

莊子鼓盆生受西庚之尅

必妻宮是木垣而金入尅之

二條六惟
推命重之

木炁則日星間隔

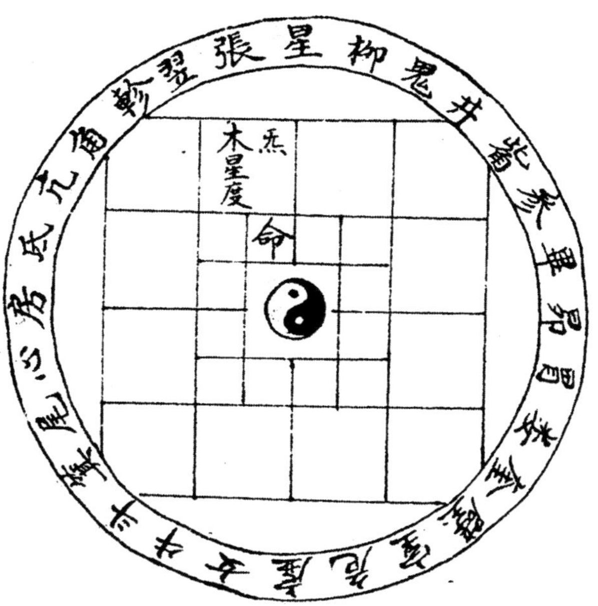

二令俱凶

至樂篇莊子妻死惠子弔之莊子箕踞鼓盆而歌西庚金星西現也莊子必以金為妻星或命安木宮而金來尅之

旭日獨明於上路所如不偶眼孰回青　上路暗指辰巳午未宮孤陽無輔又值炎令主性情狠戾仇怨日多

孤蟾獨燦於中宵觸處成迷心誰吐赤　中宵暗指亥子丑寅宮月望在此乃寒令也月喜單行惟寒令忌之主性情懦

土計則金鬼泥淹

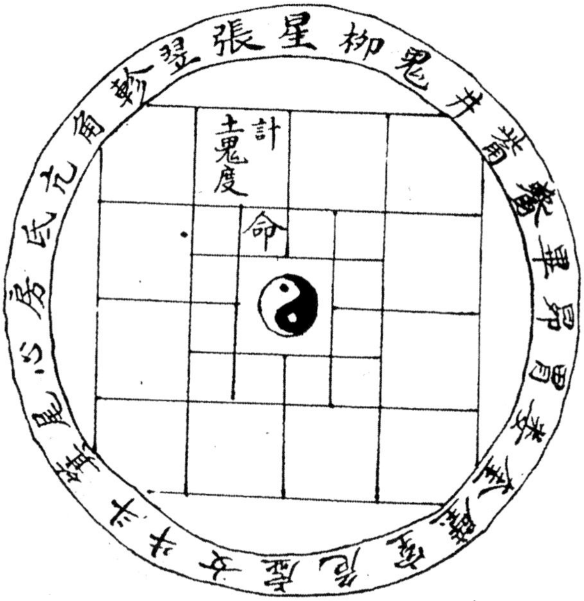

二令俱凶

怯輔助無人

日月雙收而多助早登雲路以揚名

日月能拱關輔夾命宮更有吉星助之

應早年及第山向與命宮同

身垣四極之俱空端向山門而寄跡

身宮（即命宮）所在四正三方俱無一星守照幸

不夭折亦為孤獨之人

中天福照七政流恩建極神輝四餘煥彩

中天謂午暗指向首建極謂子暗指坐

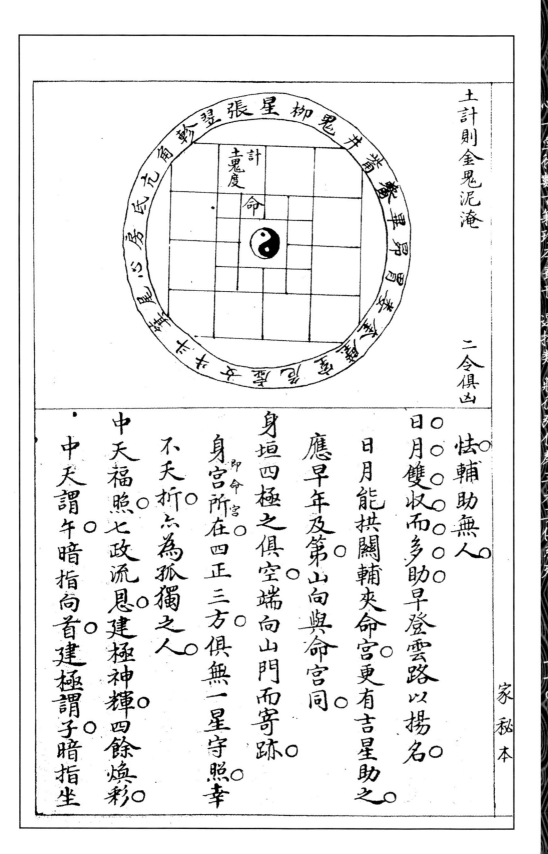

日月雙收而多助

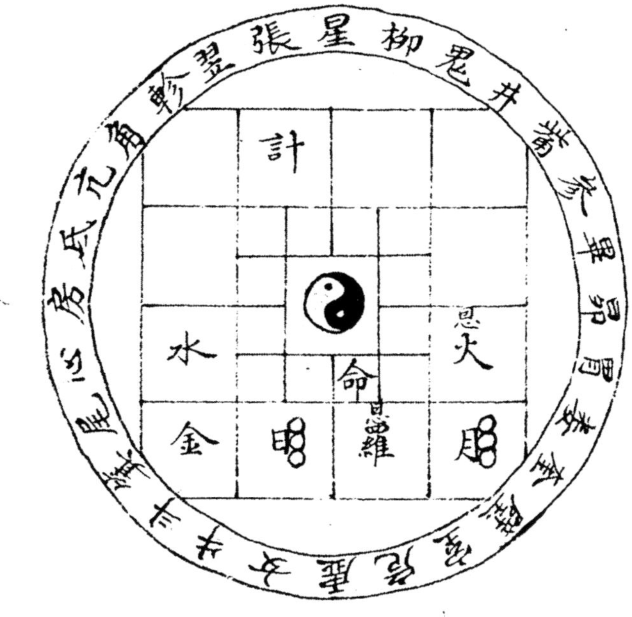

山○福與神○皆吉星之名號○七政流恩○即下文諸貴趨從之意○四餘煥彩○即下文羣邪退避之意○

尊星領袖○諸貴莫不趨從○帝曜臨身○群邪自然退避○

臨身當作照臨○尊莫尊乎日月○即帝星也○列宿相迎○必有領袖○本宮攸係○皆謂照臨○日月分明○吉星引從方為上格○

逢木火於天市○金玉成堆○

身垣四極之俱空

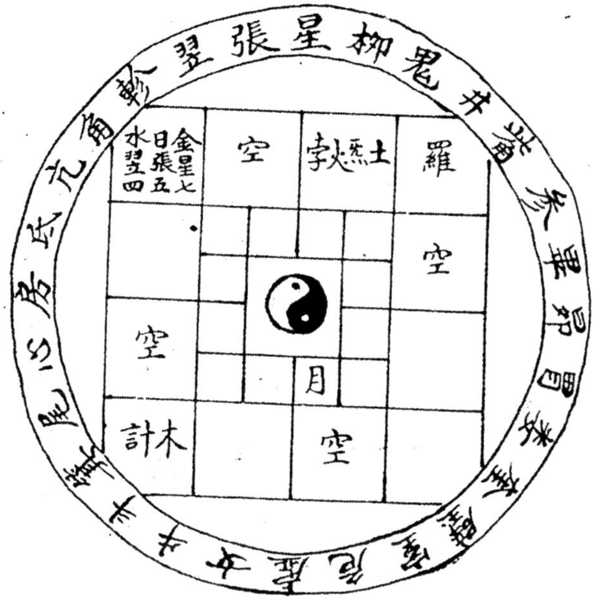

家秘本

寅宮為天市垣○若木火二星同躔而命安於此○主出堆金積玉之富○會金水於太微○玉堂穩步○

午宮為太微垣○若金水二星同躔而命安於此○主出大貴之人○

身命麗丹天之內○令星侍衛○奕世輝煌○

身主命主○有當令之用星○前後引從侍衛○定主世代集福○

日月守黃道之中○恩曜聯趨○芳馥赫濯○

逢木火於天市

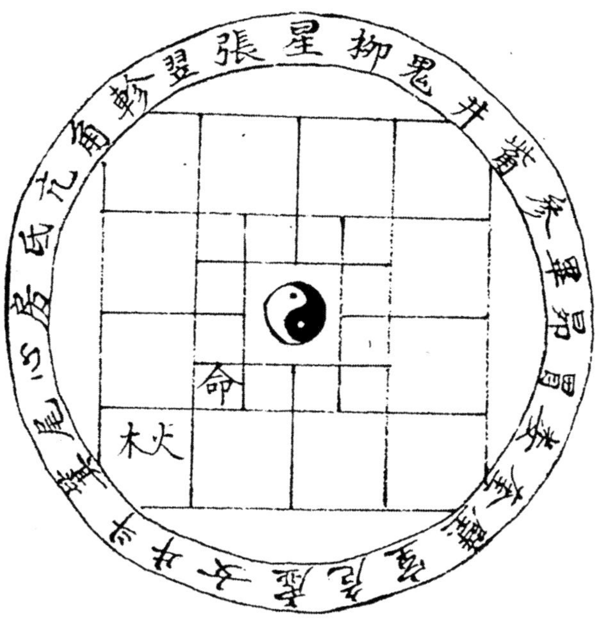

陰令吉

晝用日○夜用月○若守黄道之中○而恩星
隨之○主出貴而有威名之人○此恩星非
日月之恩星○即命主之恩星○上卷日月
隨命分五行是也○
用星得令○即水浮魯境○亦抱宏才○
得令當作得力○用星即令星○如戌宮立
命○得用星拱闕輔夾○縱水星來躔○亦不
為禍○主出大才之人○魯境戌宮也○
吉曜相隨○雖木打寳瓶○犹膺上壽○

會金水於太微

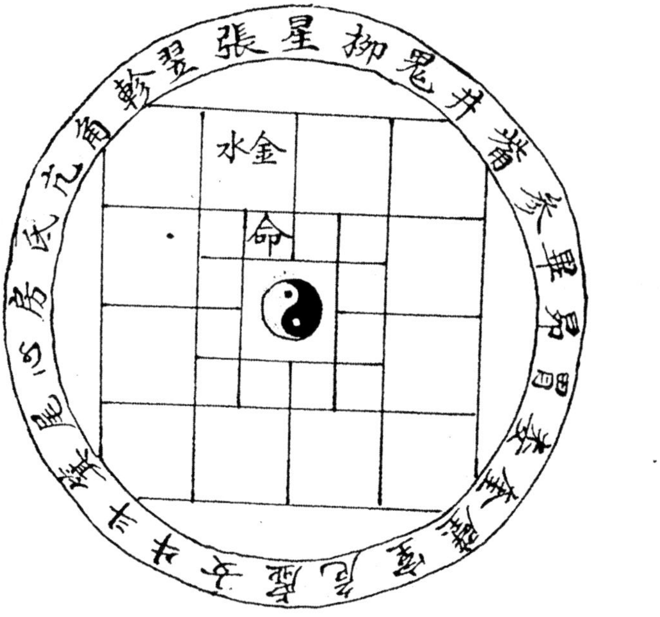

陽令吉

吉曜即恩用星○如子宮安命有恩用之星相隨○縱木星来躔○亦出多壽之人實瓶子宮也○

衆曜回環而聯繫○宮居廊廟之尊○如七政環衛紫微是也○紫微夾宮其下有三台星、文昌星、尚書四輔上相等星○五星皆朝於此○主人有卿相之榮○

諸星後擁而前驅○威鎮邊疆之重○

前恩後用○引從輔夾○主貴而有權○

家秘本

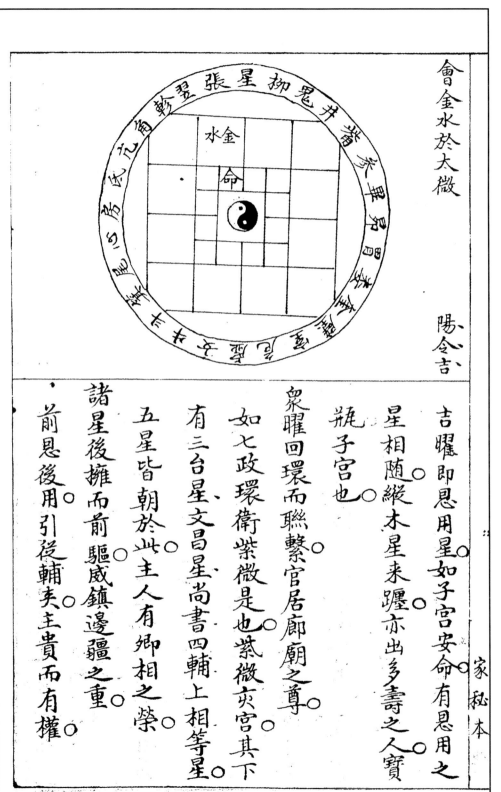

衆曜回環而聯繫

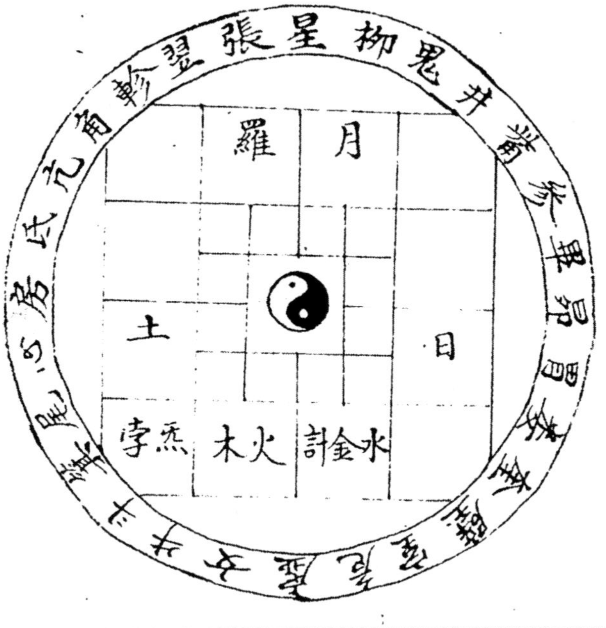

日躔昴室〇水火流瓜瓞之綿綿〇
〇日躔昴〇日雞度〇室火猪度〇陽令水星陰
令火星來佐助主子孫繁感〇
月宿斗箕〇木烝兆簪纓之濟濟〇
月在斗木獬度〇箕水豹度〇而木烝二星
左右輔之〇助月光輝〇主子孫富貴〇
日為陽火〇月為陰火〇陽火死於酉〇絶於
亥〇陰火死於寅〇墓於丑〇昴在酉室在亥〇
箕在寅〇斗在丑〇此兩節〇言日得用星月〇

諸星後擁而前驅

得歲星○無地不吉○蓋以証前書拘忌死墓絕之謬○

毋惑升殿歸垣之說○莫泥相生交戰之辭○歸垣升殿○豈無他曜侵淩○交戰相生須看隅宮拱照○況造命以日月恩用為本○一偏之說○何必拘拘○

若夫鳩工犙砌本山之衰旺宜詳（犙音編）

此及下節皆兼陰陽二宅而言○鳩聚也○犙結砌也○本山即坐山○坐山有方位五

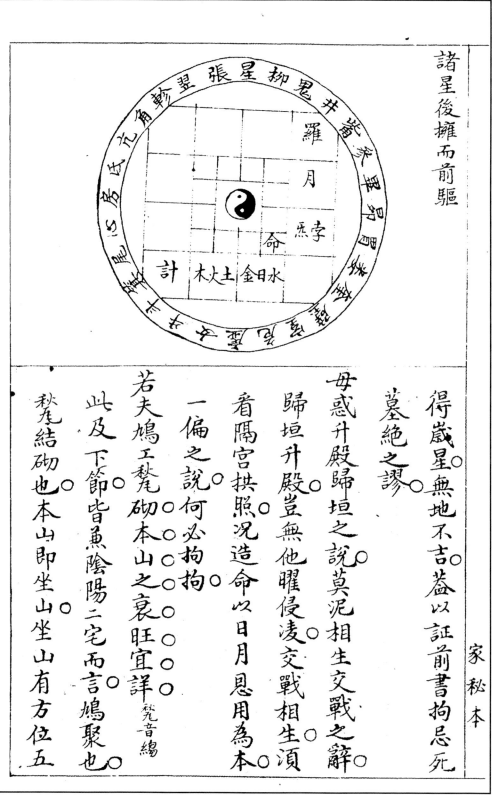

日躔昴室

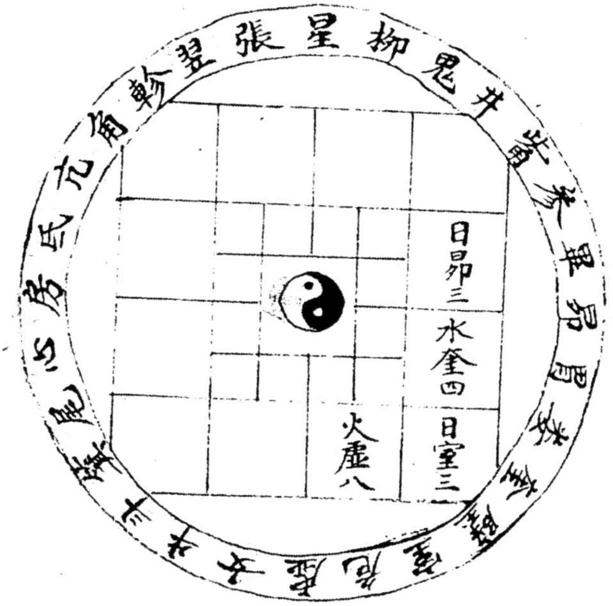

晝時

行○其衰旺因乎時令○如孟仲春令○木旺、火相、水休、金囚、土死○孟仲夏令○火旺、土相、木休、水囚、金死○孟仲秋令○金旺、水相、土休、火囚、木死○孟仲冬令○水旺、木相、金休、土囚、火死○四季土旺、金相、火休、木囚、水死○蓋五行之道○當時者旺○受生者相○生我者休○尅我者囚○我尅者死○萬物非時不生○星理亦非時不驗○因其時令○察其盛衰○則福之厚薄○禍之淺深○自可稱

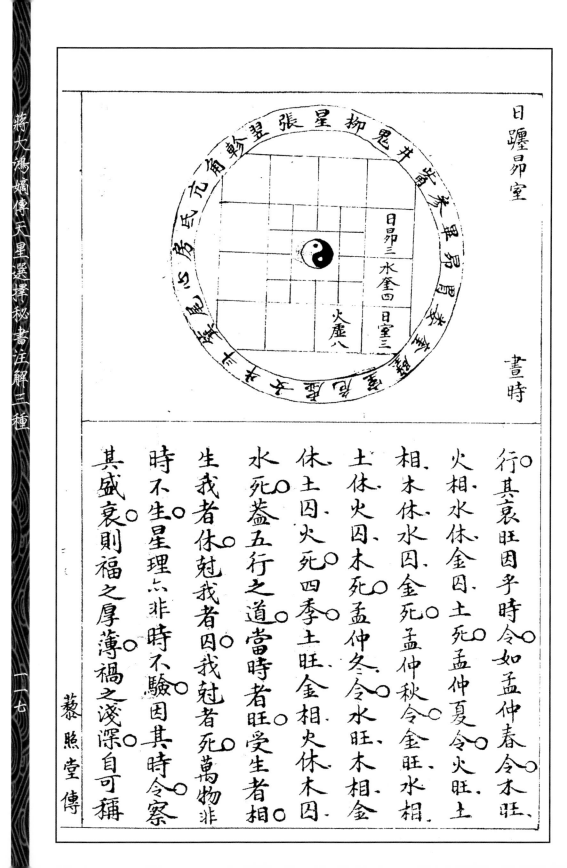

月宿斗箕

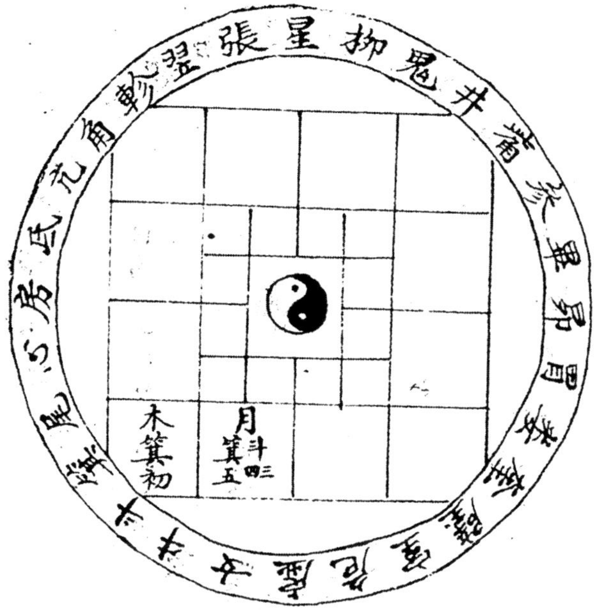

夜時吉

量於其間矣○

創造經營當令之土金莫犯○

土當令於夏金當令於秋所在之宮不

可興作若四季之土七八月之金皆當

令也○創造勿從金土所臨之方做起修

必乘其未至是方○至通書所傳戊己都

天煞天金神地金神四隅暗金煞非是○

上節在天星之外○此節在忌用之外○乃

造命之先所當致審者○上中二卷尚未

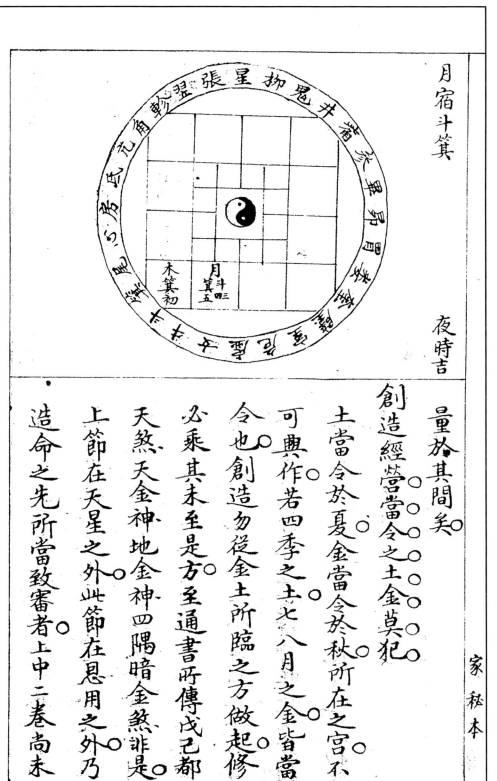

本山之衰旺宜詳

以方位五行論衰旺

之及○
故杜陵之眞訣○活法難窺○
杜陵蔣氏也真訣即天元歌○
惟果老為正宗○無書可授○
張果老精於星理○其書正宗亦非真傳○
蓋天行最健○瞬息無停○星度相隨因時而
轉○以此山之地局○符此刻之天盤○則兩曜
凝祥○五星效順○高明覆幬○陽和護大地之
靈○博厚順承○涵育抒渾天之氣○豈云瑞洩

當令之土金莫犯

夏季土
秋令金

苞符○乾坤歸於掌握○庶幾秘開靈鑰○變化出自心裁○不敢自私○用公同志○

總結上文選擇用五星之旨○

羊卧雲曰用星為時令之所急需○故亦謂之令星○如夏用水孛○冬用火羅○春分之前○亦用火羅○春分之後○兼用水孛○將近立夏○純用水孛○秋分之前○亦用水孛○秋分之後○兼用火羅○將近立冬○純用火羅○所以救其偏也○春金用土○計○秋木用

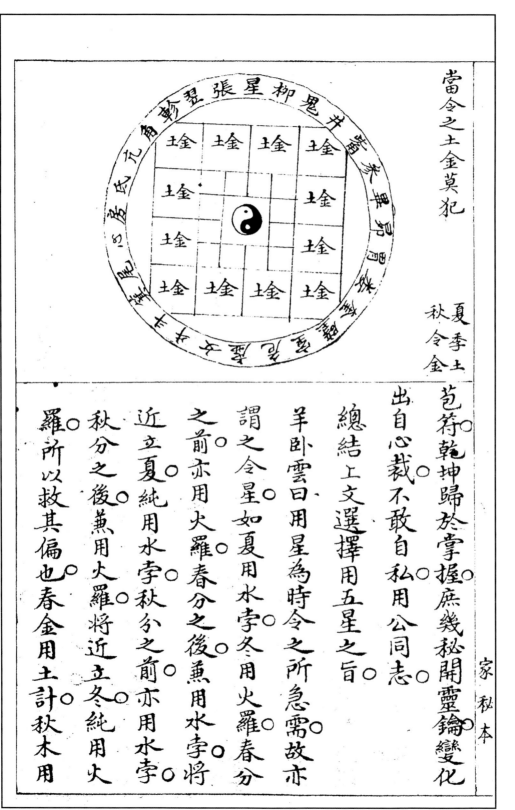

水字所以扶其虛也
云吾子曰按天元歌第五篇與造命約言相為表裏選時立命使日月用忌各得其宜真尅擇之秘傳也天星擇日篇借俗說以寓真機而不欲明示其要亦聊以應世人之求耳學者當合參而微會之

後覺子曰天元第五歌與造命約言注子謂其相為表裏真尅擇之秘傳賞識

家秘本

最為確當。至天星擇日篇。意義龐雜。其中多星家推命之言。而非選擇所重。余疑為蔣氏門人所作。曾以此言質之韓子御黃。御黃曰。此篇予得之江陰唐彙中家。彙中之祖。與蔣公至交。常主其家。或出其門人之手。未可知也。丁卯春。張子長發。於其故書中檢出抄本渾天寶鑑一編。見示於余。據其署名。乃孫景堂所撰。而自為之註者。展而閱之。即余所

有之天星擇日篇。景堂妄以己私顛倒
其前後。增添其辭句。而冒為己作者也。
聞景堂向稱蔣公之門人。而蔣氏遺書
所載諸門人姓氏。其中並無景堂之名。
余頗疑之。而莫可考。及見渾天寶鑑前
有景堂自序。鑒稱從學於環陽夫子。蔣
公別號中陽。並無環陽之號。則景堂非
蔣公之徒。灼然無疑矣。夫環陽不知其
為何人。意者由景堂而溯蔣公。其中尚

家秘本

有環陽一人。御黃所得天星擇日篇。實出環陽之手。景堂特決裂其文理滅沒其姓氏。而攘為己有焉耳。其文理之不通。學術之乖謬。姑置勿論。即其心術之不端。亦復與逢蒙何異。蔣公素以傳之非人為誡。豈知一傳再傳之際。即有景堂其人。嗚呼。傳道之難。其人固若是其甚哉。可不畏乎。可不慎乎。

乾隆丁卯春莫後覺子識

書蔣氏遺書後

（鄂稍淑諸人也）

嗚呼楊曾往。地學真傳缺。先有一行僧。謬撰滅蠻訣。五行顛倒編。卦例紛僞設。後學不知訛。伸足陷鼠穴。未滅蠻夷人。流毒徒自滅。豈無名賢輩。懷寶竟捫舌。廖賴文成書。刊本俱假捏。迫後萬厤間。魍魎逞妖孽。肆僞亂厥真。真義隱莫抉。天胡太不仁。乃忍靡遺孑。否泰理相尋。剝復數更迭。浩浩懷襄陵。夫豈終潰決。篤生蔣先生。天姿挺英傑。素心秉堅貞。吐氣貫虹蜺。師承無極仙。事同黃石轍。十載悟玄微。萬象胸羅列。哀彼舉世迷。昌言闢邪說。羲文妙義開。河洛淵源徹。落筆走蛟龍。奮詞迸金鐵。秦鏡

（楊公長歸也相習以爲氏云俎衛在茲）

家秘本

照當空。慧劍光如雪。盪掃黑陰霾。天日月揭。紛紛魍魎。徒攻之直一吷。功業誰可儕。揚曾並赫烈。我求秘典全。畢生心力竭。道寶天所吝。恐被神龍竊。石室金匱藏。保護心倍切。哲士力精研。古仙可頡頏。勗我受書人。天機勿輕泄。

乾隆乙丑秋仲海邑後覺子劉仁樂山氏艸

占筮類			
1	擲地金聲搜精秘訣	心一堂編	沈氏研易樓藏稀見易占秘鈔本
2	卜易拆字秘傳百日通	心一堂編	
3	易占陽宅六十四卦秘斷	心一堂編	火珠林占陽宅風水秘鈔本
星命類			
4	斗數宣微	【民國】王裁珊	民初最重要斗數著述之一；未刪改本
5	斗數觀測錄	【民國】王裁珊	失傳民初斗數重要著作
6	《地星會源》《斗數綱要》合刊	心一堂編	失傳的第三種飛星斗數
7	《斗數秘鈔》《紫微斗數之捷徑》合刊	心一堂編	珍稀「紫微斗數」舊鈔
8	斗數演例	心一堂編	秘本
9	紫微斗數全書（清初刻原本）	題【宋】陳希夷	斗數全書本來面目；有別於錯誤極多的坊本
10－12	鐵板神數（清刻足本）——附秘鈔密碼表	題【宋】邵雍	無錯漏原版　秘鈔密碼表　首次公開！
13－15	蠢子數纏度	題【宋】邵雍	蠢子數連密碼表　打破數百年秘傳　首次公開！
16－19	皇極數	題【宋】邵雍	清鈔孤本附起例及完整密碼表　研究神數必讀！
20－21	邵夫子先天神數	題【宋】邵雍	附手鈔密碼表　研究神數必讀！
22	八刻分經定數（密碼表）	題【宋】邵雍	皇極數另一版本；附手鈔密碼表
23	新命理探原	【民國】袁樹珊	子平命理必讀教科書！
24－25	袁氏命譜	【民國】袁樹珊	
26	韋氏命學講義	【民國】韋千里	民初二大命理家南袁北韋
27	千里命稿	【民國】韋千里	
28	精選命理約言	【民國】韋千里	北韋之命理經典
29	滴天髓闡微——附李雨田命理初學捷徑	【民國】袁樹珊、李雨田	命理經典未刪改足本
30	段氏白話命學綱要	【民國】段方	民初命理經典最淺白易懂
31	命理用神精華	【民國】王心田	學命理者之寶鏡

32	命學探驪集	【民國】張巢雲	發前人所未發 稀見民初子平命理著作
33	澹園命談	【民國】高澹園	
34	算命一讀通——鴻福齊天	【民國】不空居士、覺先居士合纂	
35	子平玄理	【民國】施惕君	
36	星命風水秘傳百日通	心一堂編	
37	命理大四字金前定	題【晉】鬼谷子王詡	源自元代算命術
38	命理斷語義理源深	心一堂編	稀見清代批命斷語及活套
39－40	文武星案	【明】陸位	失傳四百年《張果星宗》姊妹篇　千多星盤命例　研究命學必備
相術類			
41	新相人學講義	【民國】楊叔和	失傳民初白話文相術書
42	手相學淺說	【民國】黃龍	民初中西結合手相學經典
43	大清相法	心一堂編	重現失傳經典相書
44	相法易知	心一堂編	
45	相法秘傳百日通	心一堂編	
堪輿類			
46	靈城精義箋	【清】沈竹礽	沈氏玄空遺珍 玄空風水必讀
47	地理辨正抉要	【清】沈竹礽	
48	《玄空古義四種通釋》《地理疑義答問》合刊	沈瓞民	
49	《沈氏玄空吹虀室雜存》《玄空捷訣》合刊	【民國】申聽禪	
50	漢鏡齋堪輿小識	【民國】查國珍、沈瓞民	失傳已久的無常派玄空經典
51	堪輿一覽	【清】孫竹田	
52	章仲山挨星秘訣（修定版）	【清】章仲山	章仲山無常派玄空珍秘 門內秘本首次公開 沈竹礽等大師尋覓一生未得之珍本！
53	臨穴指南	【清】章仲山	
54	章仲山宅案附無常派玄空秘要	心一堂編	
55	地理辨正補	【清】朱小鶴	玄空六派蘇州派代表作
56	陽宅覺元氏新書	【清】元祝垚	簡易・有效・神驗之玄空陽宅法
57	地學鐵骨秘　附　吳師青藏命理大易數	【民國】吳師青	釋玄空廣東派地學之秘
58－61	四秘全書十二種（清刻原本）	【清】尹一勺	玄空湘楚派經典本來面目 有別於錯誤極多的坊本

62	地理辨正補註　附　元空秘旨　天元五歌　玄空精髓　心法秘訣等數種合刊	【民國】胡仲言	貫通易理、巒頭、三元、三合、天星、中醫
63	地理辨正自解	【清】李思白	公開玄空家「分率尺、工部尺、量天尺」之秘
64	許氏地理辨正釋義	【民國】許錦灝	民國易學名家黃元炳力薦
65	地理辨正天玉經內傳要訣圖解	【清】程懷榮	秘訣一語道破，圖文并茂
66	謝氏地理書	【民國】謝復	玄空體用兼備、深入淺出
67	論山水元運易理斷驗、三元氣運說附紫白訣等五種合刊	【宋】吳景鸞等	失傳古本《玄空秘旨》《紫白訣》
68	星卦奧義圖訣	【清】施安仁	三元玄空門內秘笈　清鈔孤本　過去均為必須守秘不能公開秘密　與今天流行飛星法不同
69	三元地學秘傳	【清】何文源	
70	三元玄空挨星四十八局圖說	心一堂編	
71	三元挨星秘訣仙傳	心一堂編	
72	三元地理正傳	心一堂編	
73	三元天心正運	心一堂編	
74	元空紫白陽宅秘旨	心一堂編	
75	玄空挨星秘圖　附　堪輿指迷	心一堂編	
76	姚氏地理辨正圖說　附　地理九星并挨星真訣全圖　秘傳河圖精義等數種合刊	【清】姚文田等	蓮池心法　玄空六法　門內秘鈔本首次公開
77	元空法鑑批點本——附　法鑑口授訣要、秘傳玄空三鑑奧義匯鈔　合刊	【清】曾懷玉等	
78	元空法鑑心法	【清】曾懷玉等	
79	曾懷玉增批蔣徒傳天玉經補註【新修訂版原（彩）色本】	【清】項木林、曾懷玉	
80	地理學新義	【民國】俞仁宇撰	揭開連城派風水之秘
81	地理辨正揭隱（足本）　附連城派秘鈔口訣	【民國】王邈達	
82	趙連城傳地理秘訣附雪庵和尚字字金	【明】趙連城	
83	趙連城秘傳楊公地理真訣	【明】趙連城	
84	地理法門全書	仗溪子、芝罘子	巒頭風水，內容簡核、深入淺出
85	地理方外別傳	【清】熙齋上人	巒頭形勢、「望氣」「鑑神」
86	地理輯要	【清】余鵬	集地理經典之精要
87	地理秘珍	【清】錫九氏	巒頭、三合天星，圖文並茂
88	《羅經舉要》附《附三合天機秘訣》	【清】賈長吉	清鈔孤本羅經、三合訣法圖解
89-90	嚴陵張九儀增釋地理琢玉斧巒	【清】張九儀	清初三合風水名家張九儀經典清刻原本！

編號	書名	作者	說明
91	地學形勢摘要	心一堂編	形家秘鈔珍本
92	《平洋地理入門》《巒頭圖解》合刊	【清】盧崇台	平洋水法、形家秘本
93	《鑒水極玄經》《秘授水法》合刊	【唐】司馬頭陀、【清】鮑湘襟	千古之秘，不可妄傳匪人
94	平洋地理闡秘	心一堂編	雲間三元平洋形法秘鈔珍本
95	地經圖說	【清】余九皋	形勢理氣、精繪圖文
96	司馬頭陀地鉗	【唐】司馬頭陀	流傳極稀《地鉗》
97	欽天監地理醒世切要辨論	【清】欽天監	公開清代皇室御用風水真本
三式類			
98－99	大六壬尋源二種	【清】張純照	六壬入門、占課指南
100	六壬教科六壬鑰	【民國】蔣問天	由淺入深，首尾悉備
101	壬課總訣	心一堂編	過去術家不外傳的珍稀六壬術秘鈔本
102	六壬秘斷	心一堂編	
103	大六壬類闡	心一堂編	
104	六壬秘笈——韋千里占卜講義	【民國】韋千里	六壬入門必備
105	壬學述古	【民國】曹仁麟	依法占之，「無不神驗」
106	奇門揭要	心一堂編	集「法奇門」、「術奇門」精要
107	奇門行軍要略	【清】劉文瀾	條理清晰、簡明易用
108	奇門大宗直旨	劉毗	天下孤本　首次公開 虛白盧藏本《秘藏遁甲天機》
109	奇門三奇干支神應	馮繼明	
110	奇門仙機	題【漢】張子房	
111	奇門心法秘纂	題【漢】韓信（淮陰侯）	奇門不傳之秘　應驗如神
112	奇門廬中闡秘	題【三國】諸葛武侯註	
選擇類			
113－114	儀度六壬選日要訣	【清】張九儀	清初三合風水名家張九儀擇日秘傳
115	天元選擇辨正	【清】一園主人	釋蔣大鴻天元選擇法
其他類			
116	述卜筮星相學	【民國】袁樹珊	民初二大命理家南袁北韋 南袁之術數經典
117－120	中國歷代卜人傳	【民國】袁樹珊	